Studienbücher

RELIGION

Studienbücher

RELIGION

Gerhard Brockmann
Hanno Schanze

Zwänge – eine Herausforderung

VERLAG MORITZ DIESTERWEG
Frankfurt am Main · Berlin · München
VERLAG SAUERLÄNDER
Aarau · Frankfurt am Main · Salzburg

Studienbücher Religion
Herausgegeben von Gerhard Brockmann

CIP-Kurztitelaufnahme der Deutschen Bibliothek

Brockmann, Gerhard
Zwänge, eine Herausforderung / Gerhard Brockmann ;
Hanno Schanze.
– 1. Aufl. –
Frankfurt am Main, Berlin, München : Diesterweg;
Aarau, Frankfurt am Main : Sauerländer, 1978.
(Studienbücher Religion)
ISBN 3-425-05172-5 (Diesterweg)
ISBN 3-7941-1689-5 (Sauerländer)
NE: Schanze, Hanno:

Bestellnummern:
Diesterweg
5172
Sauerländer
08.01689

ISBN 3-425-05172-5 (Diesterweg)
ISBN 3-7941-1689-5 (Sauerländer)

1. Auflage 1978

Umschlagentwurf: Hetty Krist-Schulz, Frankfurt am Main
Satz: acomp, Wemding
Druck: aprinta, Wemding
Bindearbeiten: Münchner Industriebuchbinderei

Inhaltsverzeichnis

Vorbemerkung VI

1. Teil: *Das Phänomen „Zwänge“* 1
1.1 Assoziationen 1
1.2 Spielmaterial 5
1.3 Beispiele 12
1. ‚Würden Sie dieser Frau ein Zimmer vermieten?‘ . . 12
2. ‚Meine Frau hat die zarteste Haut der Welt‘ 15
3. Bierdeckelsammler 17
4. Numerus clausus 18
5. Mensch und Wetter 21
Zwischenresümee 22
1.4 „Systematisierung” 22
0. Voraussetzungen 22
1. Ansatz I 23
2. Ansatz II 26
3. Ansatz III 26
4. Materialien zu Ansatz III 32
1. Ökonomische Struktur 32
2. Technologische Struktur 33
3. Politische Struktur 35
4. Ideologische Struktur 38
5. Soziale Struktur 40
6. Individuelle Struktur 44
7. Anthropologische Struktur 49
8. Räumliche Struktur 52
9. Naturgegebene Struktur 53

2. Teil: *Fälle* 55
2.1 Allgemeines 55
2.2 „Serviererin Ruth Meier“ 56
2.3 „Vater wird aggressiv“ 65
2.4 „K. Göbel muß seinen Arbeitsplatz wechseln“ 78
2.5 „Bäuerin X anno 1813“ 87
2.6 „Hollywoodstar Marilyn Monroe“ 98
2.7 Spielmaterial 103

3. Teil: *Thesen zum Problem „Zwänge“* 128
3.1 „Zwänge“ in theologischer Perspektive 128
3.2 „Zwänge“ unter dem Aspekt der Freiheit zum Handeln 129

Vorbemerkung

Dieses Studienbuch nimmt eine zentrale Erfahrung jedes Menschen auf: in und mit Zwängen leben zu müssen. Es thematisiert diese Erfahrungen unter dem lapidaren Stichwort „Zwänge“ und versucht das damit signalisierte Phänomen von verschiedenen Seiten her zu erschließen und zu reflektieren. Es ist ein erstaunlicher Widerspruch, daß wir zwar täglich von Zwängen reden, Zwänge erfahren und Zwänge erkennen, daß aber gleichwohl dieser fundamentale Sachverhalt bisher nicht unter diesem Stichwort thematisiert und zum Gegenstand wissenschaftlicher Analyse und Bearbeitung geworden ist. Das bedeutet für die Autoren dieses Studienbuches, daß sie sich nur gelegentlich an vorliegendes Material anschließen konnten (indirekte Bezugnahme auf Zwänge, äquivalente Reflexionen etc.), daß sie im übrigen aber dieses Studienbuch aus einer eigenen Reflexion des Phänomens heraus entwickeln mußten.

Sie haben das aus sachlichen und didaktischen Gründen phänomen- und erfahrungsorientiert versucht. Das Phänomen Zwänge war zunächst erschließend und beschreibend einzukreisen (1. Teil des Studienbuches). Das geschieht durch verschiedene Zugangsweisen: durch Einladung zum Assoziieren (1.1), durch unkommentiertes Spielmaterial (1.2), durch Beispiele von Zuordnungen und reflektierendem Umgang mit Zwängen (1.3) sowie schließlich durch den Versuch einer Systematisierung (1.4). Dabei ist dieser Systematisierungsversuch des umfassenden und auf alle Lebensbereiche ausgreifenden Phänomens Zwänge nicht etwa als die abstrahierende und abschließende Summe der zuvor geleisteten Phänomeneinkreisung gedacht, sondern selbst vorläufiger Teil dieser Einkreisung, nur eben in einem anderen „Medium“, nämlich in der Form der systematisierenden Vergewisserung.
Der 2. Teil des Studienbuches führt darum diese systematisierende Linie keineswegs weiter, sondern wendet sich Konkretionen des Phänomens Zwänge zu, die den Charakter von komplexer Alltagserfahrung und die Struktur von Fällen haben. Hier wird also versucht, Leben in und unter Zwängen in der Zuspitzung von exemplarischen Fällen einzufangen und durch Reflexionen und Assoziationen so auszubreiten, daß Verstehen möglich und Handlungsspielraum simulativ freigesetzt wird. Die einzelnen Fälle (2.2–2.6) sind verschiedenen Lebensbereichen entnommen und werden jeweils unterschiedlich bearbeitet. Diese unterschiedliche Bearbeitungsweise (einmal mehr kommentierend, ein anderes Mal Fragen stellend etc.) ergab sich für uns einmal aus der Besonderheit des jeweiligen Falles, zum anderen sollte dadurch aber auch angedeutet werden, welches Spektrum es in der Erkenntnis und in der Auseinandersetzung mit dem Phänomen Zwänge gibt. Verbunden war damit die Hoffnung, daß der Leser mit den Fällen, die wir kommentarlos als Abschnitt 2.7 abgedruckt haben, in ähnlicher Weise umgeht und so sein

eigenes Potential in der Erschließung von Zwängen gewinnen könne. Dieser Teil 2 ist zweifellos für die Verfasser des Studienbuches das Kernstück ihrer Bearbeitung des Themas Zwänge.
Teil 3 enthält Thesen der Verfasser. Es ging uns darum, im abschließenden Teil des Studienbuches den Lesern weiterführende Überlegungen zu ausgegrenzten Aspekten des Gesamtproblems Zwänge („Zwänge in theologischer Perspektive“ und „Zwänge unter dem Aspekt der Freiheit zum Handeln“) vorzulegen und zur Diskussion zu stellen. Wir betrachten diese Thesen als einen Beitrag zur Erschließung von Zwängen neben anderen (also neben Teil 1 und 2) und sind uns dessen bewußt, daß hier nur erst Vorläufiges zu einem zentralen Erfahrungsinhalt unseres Lebens gesagt werden konnte.

Dieses Studienbuch wendet sich wie auch die anderen Bücher dieser Reihe primär an Schüler und Lehrer der Sekundarstufe II sowie an Studenten und Professoren in der Studieneingangsstufe, sekundär erst an andere Lesergruppen. Wir haben dementsprechend von Anfang an unsere Überlegungen zur Thematik von Zwängen mit solchen zur didaktischen Struktur dieses Studienbuches verbunden. Was wir nicht wollten, war uns dabei zunächst klarer als das, was wir gerne gewollt hätten. Wir wollten weder eine Art Kompendium noch eine bloße Materialiensammlung noch die in der letzten Zeit übliche Form eines Unterrichtsmodelles, wir wollten also einen anderen Typ von Studien- und Lehrbuch. Wir haben unser Studienbuch dementsprechend so angelegt, daß
– eine fortlaufende Lektüre möglich ist, daß zugleich aber auch andere Umgangsweisen (Einstieg bei einem Fall oder bei dem Systematisierungsabschnitt) nicht nur nicht ausgeschlossen, sondern sogar erwünscht und durch die Anlage des Studienbuches auch vorgegeben sind;
– dem Leser zwar durch unsere eigenen Reflexionen, unsere Materialzusammenstellungen und unsere Bearbeitungsweisen gleichsam stellvertretend eine Erschließungs- und Reflexionshilfe gegeben wird, daß der Leser aber im Idealfall das Studienbuch „weiterschreibt“, also seine eigenen Akzentsetzungen findet und das Studienbuch als Material für eine selbständige Auseinandersetzung mit „Zwängen“ verwendet;
– schließlich die Erfahrungen und die Erfahrbarkeit von Zwängen nicht durch Abstraktionen und Theorieelemente zugedeckt werden, sondern gerade zur Bearbeitung und Verarbeitung freigesetzt werden, daß also der Alltag zur Sprache kommt und Identifikationen möglich werden.

Wie arbeitet man nun mit diesem Studienbuch, wenn man es nicht für sich allein liest, sondern es in einem Religionskurs der Sekundarstufe II oder in der Studieneingangsstufe verwendet? Hier sollen zwei Möglichkeiten angedeutet werden:

- Das Studienbuch kann der Leitfaden sein, an dem entlang man, ausgehend von dem Abschnitt Assoziationen (1.1) oder dem Spielmaterial in Abschnitt 1.2., die Thematik der Zwänge schrittweise erarbeitet, und zwar entweder entsprechend der Intention der Verfasser oder aber in kritischer Auseinandersetzung mit deren Verfahrensweise.
- Das Studienbuch kann als Basis einer gemeinsamen Planung eines Kurses oder eines Seminars verwendet werden. Es hätte dann zunächst die Funktion, einen ersten Überblick über die Thematik zwecks eigener Schwerpunktsetzung zu ermöglichen, und könnte dann je nach Bedarf als begleitendes „Arbeitsbuch“ fungieren.

Das Studienbuch „Zwänge“ ist von den beiden Verfassern gemeinsam konzipiert und in vielen Zusammenkünften zu der nunmehr vorliegenden Form entwickelt worden. Die einzelnen Abschnitte der drei Teile des Studienbuches sind dann jedoch jeweils getrennt verfaßt worden. Und zwar haben geschrieben bzw. zusammengestellt: Hanno Schanze die Abschnitte 1.4 sowie 2.1–2.4 und Gerhard Brockmann die Abschnitte 1.1–1.3, 2.5–2.7 sowie 3.1. Der Abschnitt 3.2 ist eine Zusammenstellung von Thesen auf der Basis eines unveröffentlichten Essays von Hanno Schanze über die Dialektik von Zwängen.

1. Teil: Das Phänomen „Zwänge"

Das Wort „Zwänge" ist zunächst nichts als ein Stichwort. Man kennt den Begriff zwar aus Wortverbindungen wie „Systemzwang", „Gewissenszwang" und „Zwangsmaßnahmen" und würde sicherlich auch zugestehen, daß man zu Zeiten gewissen Zwängen ausgesetzt ist. Daß aber dieses Stichwort ein Schlüsselbegriff von ähnlicher Reichweite wie der der „Emanzipation" oder der „Aggression" sein könnte, daß mit dem Stichwort „Zwänge" die Realität als Ganzes neu in den Blick kommt, das leuchtet auf den ersten Blick nicht ein oder erscheint doch zumindest fraglich.

Die Verfasser dieses Studienbuches gehen aber genau von dieser Voraussetzung aus. Sie sind der Meinung, daß „Zwänge" etwas betrifft, was nicht nur höchst real, sondern auch durchgängig wirksam ist, daß mit diesem Stichwort so etwas wie ein anthropologisches Grunddatum getroffen worden ist.

„Zwänge als anthropologisches Grunddatum" ist natürlich zunächst nur eine Behauptung, die es im Verlaufe dieses Studienbuches einzuholen gilt. Da „Zwänge" keine isolierter und leicht erfaßbarer Tatbestand, sondern etwas Durchgängiges und vielfältig Geschichtetes sind und da „Zwänge" in dem von uns gemeinten umfassenden Sinn noch nicht wissenschaftlich aufgearbeitet sind, müssen wir den Leser auffordern, sich auf einen prozeßhaften (spiralförmigen) und auch ungesicherten (subjektiven) Gedankengang einzulassen. Erst dann kann er sich ein eigenes Bild davon machen, ob mit dem Stichwort „Zwänge" etwas Grundlegendes und Relevantes getroffen worden und ob das mit „Zwängen" Gemeinte von uns angemessen entfaltet und entschlüsselt worden ist.

1.1 Assoziationen

„Assoziieren" meint das, was einem einfällt, wenn man anfängt, über ein Thema/Problem nachzudenken. „Assoziieren" setzt voraus, daß man sich diese Einfälle nicht willkürlich, ungeordnet und unbegrenzt kommen läßt, sondern sich bemüht, scheinbar Entferntes miteinander zu verknüpfen.

Wir meinen, daß es für dieses Kapitel unerheblich ist, ob ein solches Verfahren zu wissenschaftlich haltbaren Ergebnissen führt oder nicht, ob es von einzelnen Lesern als pädagogischer Trick mißverstanden wird. Worauf es uns ankommt, ist dies: Assoziieren im Umkreis des Stichworts „Zwänge" hat ganz bestimmte Funktionen, d. h. dank eines zunächst nur assoziierenden Vorgehens kann inbezug auf das Thema „Zwänge" ein bedeutendes Vorverständnis gewonnen werden.

Assoziationen können

- die Bereiche abstecken oder doch wenigstens andeuten, in denen von Zwängen gesprochen wird oder gesprochen werden kann;

- erkennen lassen, wie reich und auch kompliziert das Sachfeld „Zwänge“ ist, d. h. wie viele Aspekte es mindestens zu berücksichtigen gilt, wenn man sich mit diesem Thema beschäftigen will;
- klarmachen, wie relevant die Thematik für den Einzelnen wie auch für die Gesellschaft ist;
- aufzeigen, wie begrenzt das eigene Wissen und wie eng der Spielraum eigener Entscheidungen im Hinblick auf das Thema ist;
- bereits eine un- oder vorbewußte Ordnung enthalten oder gewinnen lassen, die für ein systematisierendes Vorgehen zu sprechen scheint;
- Interessen wecken, Selbsttätigkeit auslösen, Kritik an „zwängebedingten“ Zuständen, Verhaltensweisen etc. hervorrufen;
- unbewußt Erlittenes und/oder Erfahrenes bewußt werden lassen;
- zu Veränderungen im individuell-privaten wie auch gesellschaftlichen Bereich provozieren.

Im Folgenden findet der Leser Assoziationsketten[1]; diese sind in sich beliebig ergänzbar, sollten möglichst bald verlassen und selbständig fortgeführt oder erweitert werden (etwa in Gruppenarbeit oder in Form eines Exkurses) und lassen sich durch ganz andere ergänzen oder ersetzen (z. B. „Pläne/Entwürfe/Sinngebungen“ oder „Ereignisse“).[2]

1. Bereiche, in denen Zwänge herrschen können

- Erwachsenwerden
- Fraktionszwang
- Weihnachten
- Meinungsumfragen
- Entwicklungshilfe
- Profitmaximierung
- Konsum
- Selbstmord
- Nachbarn
- Schulordnung
- Erbanlagen
- Oedipus-Komplex
- Leistung
- Scham
- DDT
- Raumfahrt
- Haschisch
- Steuern
- Liebe

[1] In diese Assoziationsketten ist selbstverständlich vorgängiges Wissen der Verfasser eingegangen.

[2] Was immer auch im einzelnen assoziiert wird, es empfiehlt sich, sowohl die

2. Zitatenschatz

- „Der Mensch ist frei geboren, und dennoch liegt er überall in Ketten" *(Rousseau)*
- „Die sogenannte Freiheit des Menschen läuft darauf hinaus, daß er seine Abhängigkeit von den Gesetzen nicht kennt" *(Hebbel)*
- „Der Mensch ist nicht eher glücklich, als bis sein unbedingtes Streben sich selbst seine Begrenzung bestimmt" *(Goethe)*
- „Der Tod ist der Sünde Sold" *(Paulus)*
- „Der Mensch ist dazu verurteilt, frei zu sein" *(Sartre)*
- „Es muß sein! – grausamster Zwang
  Es hat sein müssen! – bester Trost" *(Ebner-Eschenbach)*
- „Sesam öffne dich – ich möchte hinaus" *(Lec̆)*

3. Sätze persönlicher Erfahrung

- Es gibt zweimal im Jahr Zeugnisse, daran kommt man nicht vorbei
- Mein Freund kommt bei Mädchen gut an, ich aber nicht
- Ohne einen guten Notendurchschnitt kann ich nicht Medizin studieren
- Wünsche kosten Geld
- Manchmal kann man einfach nicht

4. Protest gegen Zwänge

- Ich mache, was ich will
- Das kann mir keiner verbieten
- Ich schlafe, mit wem ich will
- Ihr könnt mich alle
- Ich verunglücke schon nicht
- Ich spiele in euerem Scheiß-System nicht mehr mit
- Wir beugen unseren Kopf vor keinem Weißen mehr (Carmichael)

Assoziationen als auch die Ergebnisse (Einsichten, Fragen, Vorschläge zur Arbeit etc.) schriftlich festzuhalten; denn Assoziiertes vergißt sich schnell.

5. Gebote und Vorschriften

- Benimm dich gefälligst
- Solange du deine Füße unter meinen Tisch stellst, wird getan, was ich will
- Eigentum verpflichtet
- Liebe deinen Nächsten
- Schuster, bleib bei deinen Leisten
- Mach was du willst, aber bring mir kein Kind ins Haus.
- Rauchen und Feuermachen sind im Wald von März bis Oktober verboten. Zuwiderhandlungen werden gemäß § 9 der Waldschutzordnung usw. mit Haft- oder Geldstrafe bis 150,– DM, in schweren Fällen mit Gefängnis bestraft

6. Stereotype – Denkzwänge

- Die Frau gehört ins Haus und hat für die Familie zu sorgen
- Eine Frau braucht nur schön zu sein
- Die monopolkapitalistischen Strukturen des Klassenstaates perpetuieren die Ausbeutung, Unterdrückung und Entfremdung des Menschen
- Die Neger werden noch lange auf die Hilfe von uns Weißen angewiesen sein
- Alle Italiener sind heißblütig, aber faul
- Rothaarige sind hinterhältig
- Die Deutschen sind das Volk der Dichter und Denker
- Arbeit schändet nicht

7. Reaktionen auf Zwänge

- Da kann man nichts machen
- Da muß man sich mit abfinden
- Das muß man eben verändern
- So schlimm ist das ja gar nicht
- Es muß doch etwas dagegen geben
- Kann man denn da nichts machen?
- Da muß man sich raushalten

1.2 Spielmaterial

Aus einem Western

„Das also war ich. Ich, Ryan Tyler, zwanzig Jahre. Ein Mann soll lächeln können. Und die Augen, die kamen mir kalt vor. War ich kalt? Ich glaubte es nicht.
Nie hatte ich viele Freunde gehabt. Aber die wenigen, die ich hatte, waren gute Freunde. Logan Pollard, Frank Hetrick und jetzt Mustang Roberts. Ja, und natürlich Billy Dixon, Ogg und Bennett. Alles gute Männer.
Aber was soll's? Das Einzige, was ich besser als die meisten konnte, das wollte ich nicht tun. Vielleicht brauchte der Westen wirklich seine Revolvermänner, wie Bennett gesagt hatte. Möglich, daß sie in einem gesetzlosen Land die Banditen hinderten, die Oberhand zu bekommen. Gut und schön, aber warum sollte gerade ich es tun? Ich mochte nun mal nicht töten.
Und hatte doch vier Männer getötet (erschossen). Und hatte das Lächeln dabei verlernt. Sah die Welt aus Augen, die kühl und mißtrauisch waren. Nein, ich mochte nicht mehr! Ich mußte mit dieser Art von Leben brechen.
Aber ein Mann tut, was er zu tun hat. Das macht ihn zum Mann."

(Heyne Western 2108, S. 85/86)

Entwicklungsplanungsanalyse

(Nach: Front Lines, U.S. Agency for International Development)

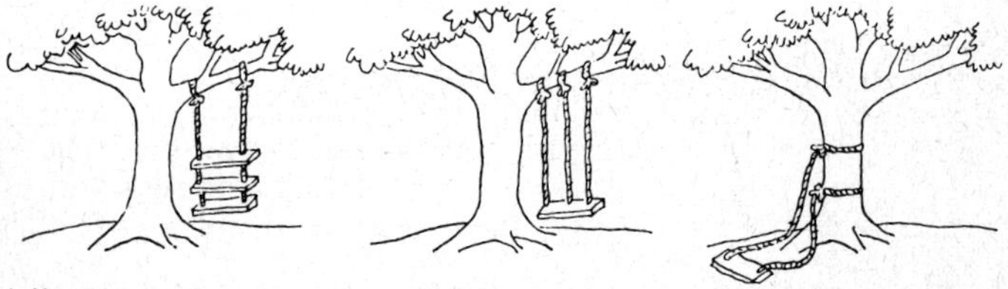

1. Vorschlag des Geldgebers
2. Spezifizierte Projektanforderung
3. Ergebnis der Evaluierung ex ante

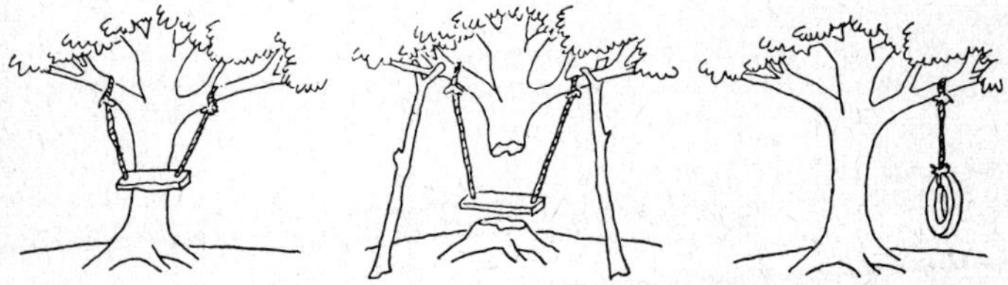

4. Vorschlag des Planungsstabes
5. Was tatsächlich gebaut wurde
6. Was man eigentlich haben wollte

aus: Der Überblick Heft 3/73

ADAC motorwelt

Juni 1973 6 B 1034 E

Der ADAC erklärt:

Die freie Wahl des Verkehrsmittels muß grundsätzlich erhalten bleiben.

Das eigene Auto ist wesentlicher Bestandteil besserer Lebensqualität.

Das Auto verursacht auch Verkehrsprobleme, insbesondere in den Ballungsgebieten. Der ADAC tritt deshalb für ein sinnvolles Zusammenwirken aller Verkehrsmittel ein.

Für den Berufsverkehr der Großstädte und Ballungsgebiete sind öffentliche Verkehrsmittel notwendig. Ihre Benutzung ist nur dann gewährleistet, wenn attraktive Massenverkehrsmittel mit den notwendigen Park-and-Ride-Plätzen angeboten werden.

Der Ausbau der Massenverkehrsmittel ist eine allgemeine Aufgabe des Staates gegenüber seinen Bürgern. Die hierfür notwendigen Kosten müssen deshalb nach Auffassung des ADAC aus allgemeinen Steuern bestritten werden.

Im Geschäfts- und Freizeitverkehr bleibt der private Pkw unentbehrlich. Dafür sind ausreichende Straßen und Parkmöglichkeiten zu schaffen.

Die Umweltprobleme des Straßenverkehrs sind technisch zu lösen. Der ADAC fordert Forschung, Gesetzgeber und Industrie auf, bei der Bewältigung dieser Aufgaben verstärkt mitzuwirken.

Die Sicherheit auf unseren Straßen muß durch eine bessere Fahrzeug- und Verkehrstechnik, wirkungsvollere Gesetzgebung sowie intensivere Verkehrserziehung und -aufklärung entscheidend verbessert werden.

Nur durch erfolgreiches Zusammenwirken aller Beteiligten können Verkehrsprobleme gelöst werden. Der ADAC hält es für selbstverständlich, daß die Autofahrer ihren Teil zur Beseitigung der Verkehrsprobleme beitragen.

„Bevor wir in unseren Beratungen fortfahren — verdammt noch mal, wo bleibt die Kollegin Beckmann mit dem Kaffee?"
Zeichnung: DS / Wolter

aus: Deutsches Allgemeines Sonntagsblatt 1/75

Aussage eines 17jährigen Oberschülers:

„Gut, Sport ist eine feine Sache, und viele meiner Kameraden haben wegen eines Klassenspiels schon auf manche Zigarette verzichtet. Aber daß wir da ausgepumpt werden sollen, durch immer raffinierte Methoden Höchstleistungen zu bringen, nur weil irgend so ein nationaler Steakfresser den Weltrekord schon wieder höher geschraubt hat – nein danke, nicht mit uns".

„Früher war das alles anders"

„Früher war das alles ganz anders. Die Städte alle waren viel größer, und die Dörfer waren noch Dörfer. Früher gab es noch Gerechtigkeit, und wer nicht hören wollte, mußte eben fühlen. Da waren unsere Lehrer noch die Lehrer unserer Eltern. Sonntags zogen wir noch Sonntagsanzüge an. Die Kirche stand noch im Dorf. Die Wacht stand noch am Rhein. Früher wußten wir, daß Gott mit uns ist. Früher kam auch noch Hans Muff. Wen wir fingen, der kam an den Marterpfahl. Die Sommer waren richtige Sommer. Die Ferien sahen immer endlos aus. Die Milch war noch gesund. Früher wußten wir, woran wir uns zu halten hatten. Da wurde noch gewandert. Wer im Wirtshaus saß, der saß auch bald im Klingelpütz. Früher ging man noch zu Fuß. Da schützte man seine Anlagen. Da gabs sowas nicht. Da gab es noch Feinde, bei denen man das Weiße im Auge erblicken konnte. Wohin man auch ging, man traf immer auf Gleichgesinnte. Wer es nicht besser wußte, der hielt auch den Mund, und wem es absolut nicht passen wollte, der konnte ja bleiben, wo der Pfeffer wächst. Früher gab es noch Mohren, Indianer und Chinesen. Früher ging das alles viel einfacher. Da wäre doch sowas nie passiert. Da gab es das doch alles nicht. Früher hörte man noch zu, wenn man von früher erzählte."

(Jürgen Becker, Ränder, Suhrkamp, Frankfurt 1968, S. 19)

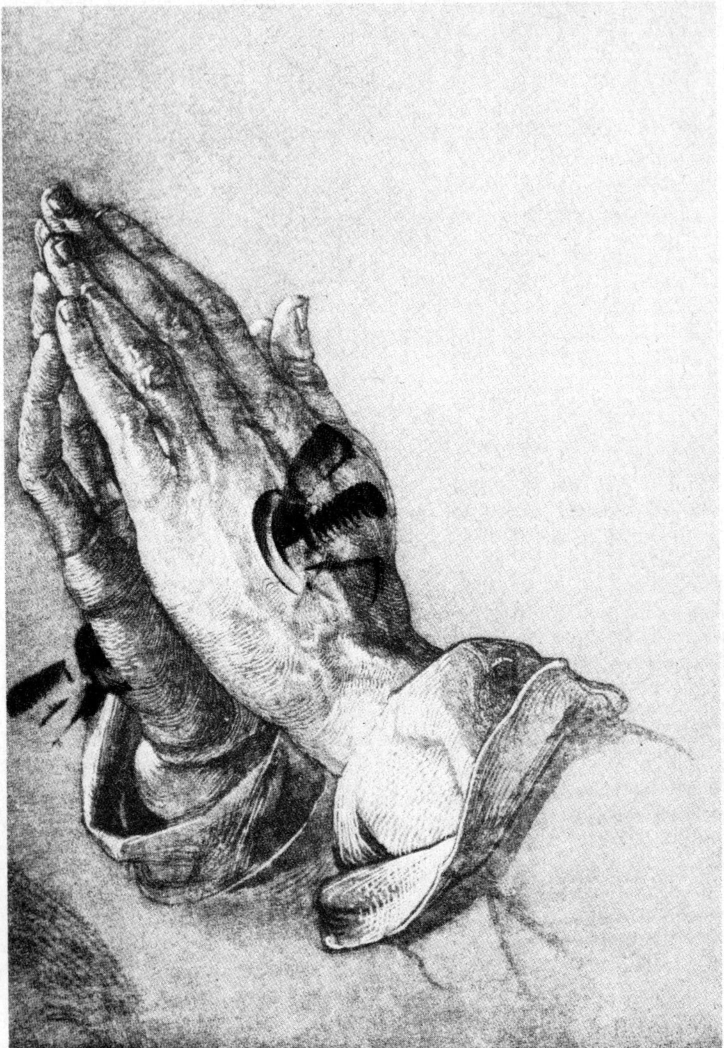

Klaus Staeck: Zur Konfirmation

aus: Die Zeit 7/72

1.3 Beispiele

Die dritte Stufe des Einkreisens des Phänomens „Zwänge" besteht aus Beispielen, die verschiedenartig und – wenn man so will – zufällig kommentiert werden. Diese Beispiele sind nach folgenden Gesichtspunkten ausgewählt worden: Sie sollen

- *Alltagserfahrungen repräsentieren,*
- *jedem zugänglich sein und einen hohen Öffentlichkeitsgrad haben,*
- *durch charakteristische Medien unserer Zeit vermittelt sein,*
- *auf Zwänge mittelbar oder unmittelbar verweisen, gleichsam Kristallisationspunkte für Zwänge sein und*
- *aus verschiedenartigen Bereichen stammen und insofern als repräsentativ für die Breite des Problemfeldes „Zwänge" gelten können.*

1. Beispiel: „Würden Sie dieser Frau ein Zimmer vermieten?" (Klaus Staeck)

Klaus Staeck, engagierter und weithin bekannter Polit-Künstler hat im Dürerjahr 1971 mit dem abgebildeten Plakat in Nürnberg eine Aktion gestartet, die in und über Nürnberg hinaus erhebliche Aufsehen erregt hat[1]. Was ist daran und an dem Plakat selbst im Hinblick auf „Zwänge" bemerkenswert?

Zwangscharakter Dürerjahr:

Dürerjahre müssen offensichtlich ebenso wie Schiller- und Goethejahre gefeiert werden, zur Ehre der eigenen Stadt, aus Gründen der Tradition und der Vergewisserung des gültigen Erbes, wegen der Möglichkeit „weltweiter" Repräsentation, um den Fremdenverkehr zu verstärken, aus geheimem nationalen Prestigedenken.

Zwangscharakter Pietät:

Aber sie müssen mit dem angemessenen Ernst und der angemessenen Andacht gefeiert werden, und zwar nicht nur aus Ehrfurcht vor dem „großen Sohn der Stadt", sondern auch, weil man sich bei derartigen festlichen Anlässen eben so verhält, gleichgültig ob man weiß, wer Dürer war, welche Gegenwartsrelevanz er hat und ob solche Feiern eigentlich zu recht gefeiert werden.

Zwangscharakter Ärgernis:

Das reizt natürlich zu Gegenreaktionen, zu bürgerschreckartigem Verhalten, zum Abreagieren von Aggressionen etc. Eine solche Gelegenheit

[1] Vgl. I. Karst (Hg.), Klaus Staeck, Die Reichen müssen noch reicher werden, Politische Plakate, Reinbek 1973, S. 90–95!

Klaus Staeck, Sozialfall

kann und darf der nicht vorübergehen lassen, der als politisch orientierter Künstler arbeiten will, der glaubt, Diskrepanzen und Widersprüche in der gegenwärtigen Gesellschaft aufzeigen zu müssen, der zur sogenannten jungen Generation gehört etc.

Zwangscharakter Außenseiter:

Die Collage von Klaus Staeck und die Plakataktion in Nürnberg haben nämlich einen höchst realen politischen und humanen Hintergrund von zwanghafter Natur: Dürers Mutter würde heute kein Zimmer bekommen, würde ins Altersheim abgeschoben, würde als Außenseiter diskriminiert, würde als suspekt und unzuverlässig angesehen etc. Not ist Schicksal, ist Schuld, ist persönliches Versagen, für das keiner aufzukommen hat; Alter stört, weil mit Krankheiten und Aufdringlichkeit belastet; Wohnungen kosten Geld und sollen Profit abwerfen, vor allem aber nicht an Neger und ähnliche Gestalten vermietet werden: von solcher Art sind die dahinterstehenden Vorurteile, selbst von zwanghaftem Charakter.

Zwangscharakter „Aufklärung":

Vorurteile und eingefahrene Verhaltensmuster können nur zum Teil abgebaut werden, gleichwohl stehen heutzutage alle mit Bildung und Öffentlichkeitsarbeit Befaßten ebenso wie deren Adressaten unter dem Druck der Aufklärung, der Emanzipation, der Veränderung etc. Das alles muß sein, auch wenn man nicht weiß, wie man das eigentlich macht und welche (unbeabsichtigten) Folgen Emanzipieren und Emanzipiertwerden nach sich zieht.

Zwangscharakter Image des Künstlers:

Einem solchen Druck kann sich auch Klaus Staeck nicht entziehen, zumal er sich selbst darauf programmatisch festgelegt hat und darauf fixiert worden ist (Politische Kunst als „Amt"). Unter dem Zwang, mit sich identisch zu bleiben, identifizierbare Bilder/Plakate zu produzieren, kommt der Polit-Künstler Staeck aus dem einmal gewählten Weg nicht ohne weiteres heraus. Seine Rolle ist festgelegt. Man erwartet von ihm permanent neue Staecks, die er dann auch auf seine Weise produziert, zwar am von ihm diffamierten Kunstbetrieb vorbei und letztlich gegen ihn gerichtet, aber gleichwohl von ihm aufgesogen, wie gesuchte Sammlerstücke beweisen.

Zwangscharakter Echo der Angesprochenen:

Ob Staeck das Gewollte erreicht, ob seine Plakate so ankommen, wie sie gemeint sind, das hängt von derart vielen Imponderabilien ab, daß es kaum kalkulierbar ist. Zwar beherrscht Staeck sein Medium des Politischen Plakates hervorragend, aber an den „Gesetzen" der Kommunikation, der schichtenspezifischen Sozialisierung, der sozio-ökonomischen Basis etc. kann auch er letztlich scheitern. Daß Aufklärung als Aufklärung verstanden und akzeptiert wird, vor allem aber, daß sich daraus auch verändertes Verhalten ergibt, ist als Chance da, aber es zwingt zu vieles dagegen, als daß die Hoffnung groß sein könnte, die man gleichwohl nicht aufgeben darf.

2. Beispiel: „Meine Frau hat die zarteste Haut der Welt" – Werbung für ein Hautpflegemittel

Zu sehen sind im Großformat die Oberkörper eines elegant gekleideten jungen Paares. Sie ist blond, trägt ein rückenfreies, hellblaues Abendkleid und hat sich vom Betrachter abgewendet, so daß ihr leicht gebräunter Rücken als Bildmittelpunkt die Aufmerksamkeit des Betrachters aufsichzieht. Neben ihr steht, an sie gelehnt, ein junger Mann im weißen Anzug, er wendet sein lachendes und ‚glückliches' Gesicht dem Betrachter der Werbeanzeige zu, seine linke Hand berührt den Rücken der Frau wie streichelnd. Rechts unten ist nahezu in Originalgröße das Produkt zu erkennen, für das geworben wird. Oben links neben dem ‚seidigen' Haar der Frau steht folgender Text: *„Meine Frau hat die zarteste Haut der Welt."*
„Sie stand im Foyer. Und ich war kein Don Juan. Doch diese Frau galt es zu erobern. Denn sie hatte eine Haut, so zart, so makellos. Eine Haut wie Samt und Seide. Mutig reichte ich ihr die Hand. Sie nahm sie fürs Leben. Jetzt habe ich alle Hände voll zu tun. Doch ich tu's gern. Ich reibe meine Frau täglich mit Nivea milk ein. Sonst macht sie Theater."

Der zwanghafte Zirkel, der dieser Werbung speziell und derartiger Werbung insgesamt zugrundeliegt, läßt sich stark simplifizierend folgendermaßen umreißen:
In einem privat- und marktwirtschaftlichen System wie dem der westlichen Industrienationen gilt das Gesetz der Produktionssteigerung und der Profitmaximierung. Diese hängen vom Absatz und dem höchst zumutbaren Preis ab. Diese wiederum sind abhängig von den Bedürfnissen der potentiellen Käufer und ihrer Bereitschaft, ihre Bedürfnisse zu dem festgesetzten Preis zu befriedigen. Bedürfnisse müssen darum von den Produzenten der Waren ermittelt, gegebenenfalls erst geschaffen werden. Zu diesem Zweck benötigt man entsprechende Werbung, die in einer angemessenen Kosten-Mittel-Relation stehen muß und für die eigens darauf spezialisierte Werbefachleute engagiert werden. Diese machen sich Erkenntnisse der in Frage kommenden Wissenschaften (Psychologie, Soziologie, Kommunikationsforschung etc.) zunutze und entwerfen gezielte Werbung. Diese Werbung muß genau auf die Bedürfnisstruktur, die anzusprechenden Denkklischees und Verhaltensmuster, die vorrangig zu erreichende Käuferschicht etc. abgestimmt sein und wird im allgemeinen mehrfach abgetestet. Außerdem ist die Werbung so aus-

zurichten, daß sie gleichartige Artikel der Konkurrenzfirmen ausschließt, daß sie also dazu zwingt, gerade diesen Gegenstand und zudem den der werbenden Firma zu kaufen. Erfolgreiche Werbung, richtig gemachte Werbung steigert den Absatz, ermöglicht Produktionssteigerung und höheren Profit und führt dazu, daß die Mittel für Werbung steigen, daß also der Kreislauf von Profit, Produktion, Werbung und Konsum in Gang gehalten wird und immer schneller rotiert.

Wie sieht das nun im Falle der beschriebenen Werbung für ein bestimmtes Hautpflegemittel konkret aus? Mit welchen Mitteln haben die Werbefachleute gearbeitet?
Die Reklame spricht geheime Wünsche an: Jeder Mann möchte eine schöne und jung bleibende Frau haben, mit der er sich sehen lassen kann; jede Frau möchte schön sein und bewundert werden. Das ist machbar. Die Frau muß nur das richtige Hautpflegemittel (eben das der Werbung) wählen und lebenslang („täglich") verwenden. Dann ergeht es ihr, wie der anziehenden Frau auf dem Werbephoto, sie kann sich in „Foyers", also in der feinen Gesellschaft bewegen, und sie findet den Mann ihres Lebens, der bereit ist, die Schönheit und Jugendlichkeit seiner Frau (um jeden Preis) zu erhalten, der scheinbar nichts anderes zu tun hat, als seiner Frau Tag für Tag beim Einkremen mit dieser bestimmten Körpermilch behilflich zu sein. Notfalls zwingt die Frau ihn dazu, indem sie „Theater macht", ihn also erpreßt. Der Körper der Frau erscheint auf diese Weise als das eigentlich Kostbare und zu Behütende („makellos", „wie Samt und Seide"), die Beziehungen zwischen Mann und Frau reduzieren sich auf die Sprache der Haut, die Welt schrumpft gleichsam auf Körperpflege zusammen.
Selbstverständlich ist die Realität anders, aber alles Störende ist in der Reklame ausgeblendet. Die geheimen Wünsche erscheinen als stärker als die Gegenzwänge der Realität. Die Werbefachleute zielen auf Mechanismen ab, die unterhalb der Kontrolle des Verstandes bleiben.
Derartige Reklame führt dazu, daß Frauen mehr Pflege für ihren Körper aufwenden, als notwendig ist, und daß sie dabei bei den Männern, die in unserer Gesellschaft immer noch als die Geldverdiener und -bewilliger gelten, Unterstützung finden. Werbung kann also – wie aus diesem Beispiel ersichtlich – Bedürfnisse allererst schaffen, so daß man will, was man wollen soll. Solche Möglichkeit setzt allerdings das Klima sich permanent steigernden Konsums (Konsumzwang) voraus, den Werbung wiederum steigern kann. Innerhalb dieses Klimas jedoch ist Werbung eine reale Macht, ist sie, weil sie auf Zwänge aufbaut und Zwänge auslöst, selbst ein Zwang.

aus: Magnum, August 1961

3. Beispiel: „Bierdeckelsammler“

Das dritte Beispiel bezieht sich auf eine weit verbreitete Leidenschaft: das Sammeln irgendwelcher Gegenstände.
Wenn man ein solches Bild sieht, dann kommen einem gleichsam von selbst eine Fülle von Fragen:

Was ist das für ein Mensch, der so etwas offenbar mit dem Einsatz seiner ganzen Person macht? Ist das ein verschrobener Einzelgänger? Kann der sich überhaupt noch dagegen wehren? Kann man eine derartige Sammelleidenschaft überhaupt noch als normal bezeichnen, oder ist das bereits krankhaft?

Was hat diesen Sammler eigentlich dazu gebracht, derart zu sammeln? Ist das Freiheit oder Zwang? Verschafft ihm das Glück oder belastet ihn das, ohne daß er das merkt? Welchem außengesteuerten Interesse dient das Sammeln wertvoller oder weniger wertvoller Gegenstände? Ist derartiges Sammeln eine Zivilisationserscheinung, oder beruht es auf menschlichen Grundgegebenheiten?

Wie wirkt sich das Sammeln auf andere aus, auf diejenigen, die mit „Sammlern" zusammenleben? Ist Sammeln eine Privatangelegenheit, die andere nichts angeht? Wird durch das Sammeln der Raum der Familie eingeschränkt, ihre Freiheit beschnitten, ihr Handeln fixiert? Auf wessen Kosten geht das Sammeln? Was wird dadurch an Möglichkeiten aufgehoben?

Gehen einem selbst solche Sammler überhaupt etwas an? Gehört man selbst vielleicht dazu? Ist man zumindest potentiell auch einer von denen? Und wäre das schlimm? Sollte man nicht vielleicht sogar auch eine Sammelleidenschaft, ein Hobby, eine sinnvolle Freizeitbeschäftigung haben? Spricht die große Zahl der Sammler unterschiedlichster und nahezu aller Gegenstände nicht für diese Nebenbeschäftigung?

Gleichgültig wie diese Fragen (die jederzeit ergänzbar oder veränderbar sind) beantwortet werden, sie signalisieren in aller Deutlichkeit, daß die Grenze von Freiheit und Zwang außerordentlich schmal ist, daß das, was unter einer bestimmten Perspektive als Freiheit erscheint, unter einer anderen Perspektive auf Zwängen basiert und Zwänge auslöst.

4. Beispiel: Numerus clausus

Ausgangsbasis für das 4. Beispiel ist eine Zeitungsmeldung im „Spiegel". Diese Zeitungsmeldung wird ergänzt durch ein kurzes Zitat aus einem Interview mit dem Präsidenten der Westdeutschen Rektorenkonferenz, Prof. Gerd Roellecke:

> ► „Seit Montag letzter Woche ist die Katastrophe kalkulierbar: 130000 Abiturienten, so steht es im „4. Rahmenplan für den Hochschulbau", werden sich in den nächsten vier Jahren vergeblich um einen Studienplatz bemühen. Denn attraktive Ausbildungsgänge außerhalb der Universität, die allein den wachsenden Andrang an Westdeutschlands Hohen Schulen eindämmen könnten, fehlen noch." ◄
>
> (Der Spiegel, 30/74, S. 34)

► „Das Abitur erfüllt seine Auslesefunktion nicht mehr. Es ist keine echte Prüfung mehr, sondern eine Art säkularisierter Konfirmation. Die Auslese wird von der zentralen Vergabestelle für Studienplätze durchgeführt." ◄

(Prof. G. Roellecke in Der Spiegel 30/74, S. 36)

Der mit diesen lapidaren Aussagen festgestellte Tatbestand ist von erschreckender Einfachheit: Immer mehr Abiturienten sind produziert worden, immer mehr Jugendliche eines Jahrgangs können und wollen studieren, für diese Studierwilligen und Studierfähigen steht immer weniger Raum zur Verfügung (Studienplätze), folglich kommt man ins Studium vor allem in den erstrebenswerten Fächern, aber zunehmend auch in den anderen Fächern nur durch das Nadelöhr des numerus clausus.

Was bedeutet das für die Opfer dieses Zwangstatbestandes? Wozu werden sie dadurch gezwungen, und wozu müssen sie sich zwingen?
Auf einmal, spätestens mit dem Bewußtwerden der Tatsache numerus clausus und seiner Auswirkungen auf die eigene Person ist es vorbei mit dem „schönen Schülerdasein", so getrübt es auch sonst schon durch Leistungsdruck, Ungerechtigkeiten, Versetzungsschwierigkeiten etc. sein mag. Jetzt heißt es arbeiten, den „verdammten Leistungsdruck" mitmachen, Versäumtes aufholen, um jeden Punkt kämpfen, den Lehrer wählen, der die besten Zensuren verspricht, gleichgültig, ob das Thema des Kurses interessiert, und gleichgültig, ob man gerade diesen Lehrer nicht besonders schätzt. Jetzt heißt es auf vieles verzichten, nicht mehr so oft zum Sport können, die Chancen zwischen Revolte (politischer Basisarbeit) und Wohlverhalten abwägen. Denn jetzt geht es erst in zweiter Linie um die persönliche Freiheit, um den Zugewinn von Sachkenntnis und Problembewußtsein, um die Befriedigung eigener Primärinteressen; vorrangig ist vielmehr, daß das Abitur so gut ist, daß man genau das studieren kann, was man studieren will, zumindest aber überhaupt studieren zu können. Denn darüber kann kein Zweifel bestehen: das Abitur nützt einem gar nichts, wenn man nicht studieren kann, wenn man nicht durchs Studium auf relativ einfache Weise in Elitepositionen hineinkommt, wenn man nicht durch die Wahl hochbegehrter Fächer wie Medizin, Pharmazie, Naturwissenschaften etc. zu einem Beruf vordringen kann, der einem neben beruflicher Befriedigung auch und vor allem ein hohes Sozialprestige garantiert und einen hohen Lebensstandard ermöglicht. Wo man Opfer überpersönlicher Zwangsmaßnahmen ist, erscheint es als sinnlos, Schuldige zu suchen, man muß es hinnehmen und die Wut und Aggression auf diejenigen abwälzen, die bestimmt nichts dafür können, zumal wenn man auf einmal merkt, daß man es doch nicht schafft.
So oder ähnlich mag das aus der Perspektive der Betroffenen aussehen. Sie müssen den enormen Widerspruch zwischen den Leitvorstellungen der Bildungsreform („Emanzipation", „Chancengleichheit", „Lernen

des Lernens“ etc.) und der Realität ertragen, müssen zur Kenntnis nehmen, daß sich in dem Maße, wie sich die Schule, speziell die Kollegstufe in ihren Inhalten und in ihren Verfahren den Leitvorstellungen der Bildungsreform öffnet und damit letztlich auch ihren Interessen entgegenkommt, der numerus clausus das Lernen in der Schule bestimmt, den Leistungsdruck verschärft und die Prüfungen im Abitur und später auch an der Universität nur noch rigider und stofforientierter werden läßt.
Warum ist das so, und muß das so sein? Wer zwingt da eigentlich wen zu was und aus welchen Zwängen heraus und mit welcher Absicht?
Während im Bereich der Betroffenen nur die Folgezwänge sichtbar werden, zielen derartige Fragen wie die eben genannten auf Offenlegung der verursachenden Zwänge selbst, des Geflechts von Hintergrundszwängen, die nicht unmittelbar sichtbar sind, aber eben da sind, auch wenn es außerordentlich schwierig sein dürfte, sie angemessen zu benennen und vor allem durch Offenlegung zu einer Veränderung beizutragen.
In diesem das Phänomen „Zwänge“ lediglich erst einkreisenden Abschnitt ist eine Analyse dieser Hintergrundszwänge weder möglich noch beabsichtigt. Es genügt, auf einige Verursachungs- und Hintergrundsketten hinzuweisen und damit das Problemfeld abzustecken, in dem es um die großen, die übergeordneten Zwänge geht:

- Föderalismus, Bildungskompetenzenwirrwarr, sich überschlagende Reformen auf der Basis neuer Theorien, Eigeninteressen der Hochschulen, Scheitern der Hochschulreform etc.
- Anwachsenlassen der Abiturientenquote aufgrund internationaler Vergleiche (USA, OECD-Bericht), Zahlen und Prozentzahlengläubigkeit, Konkurrenzdenken, Nationalismus, etc.
- steigende Ansprüche von Wirtschaft und Verwaltung bei rapider Entwicklung der Technologie und zunehmender Spezialisierung und Expansion und gleichzeitig Angst vor internationalen Rückschlägen im Wirtschaftssystem mit der Gefahr von Arbeitslosigkeit, akademischem Proletariat etc.
- unkalkulierbare Folgen der Aufklärung und Aufgeklärtheit von Eltern und Schülern aller Schichten, zunehmender Drang zu weiterführenden Schulen und weiterführenden Berufsmöglichkeiten, Zunahme und zunehmendes Interesse an sogenannten white-color-Berufen etc.
- das zur Verfügung stehende Haushaltsvolumen von Bund, Ländern und Gemeinden (abhängig vom Steueraufkommen und damit von dem Einkommen der Arbeitenden etc.) sowie dessen Verteilung (sozialstaatlicher Verpflichtungen, militärische Verpflichtungen etc.).
- Eigeninteressen von Berufsverbänden der sogenannten Mängelberufe (wie z. B. der Ärzte) wie überhaupt die Interessen sogenannter pressure-groups etc.
- inflationäre Entwicklungen von weltweitem Ausmaß, Ölkrise, Nichteinhalten-Können ursprünglicher Planungen, gleichzeitig aber auch Planungsdefizite oder Fehlplanungen etc.

5. Beispiel: „Mensch und Wetter"

Daß der Mensch vom „Wetter" abhängt, ist nicht nur eine Erfahrungstatsache, sondern scheint auch wissenschaftlich unbestritten zu sein. „Wie indes die vielfältigen Faktoren (zum Beispiel Temperatur, Druck, Feuchtigkeit oder Wind), die bei jedem Wettergeschehen zusammenwirken, auf den komplizierten menschlichen Organismus Einfluß nehmen, ist trotz einer mehr als zwanzigjährigen medizin-meteorologischen Forschung oft nicht bekannt" (Zeitmagazin 48/71).
In einer statistischen Untersuchung haben H. Beleke, Chefarzt des Allgemeinen Krankhenhauses in Hamburg, und E. Klein, Mitarbeiter des Hamburger Meteorologischen Observatoriums, festgestellt:
„Bei warmen beziehungsweise tropischen Großwetterlagen lag zum Beispiel die Zahl der Herzinfarkte, Schlaganfälle und Lungenembolien eindeutig über, bei kalten und polaren dagegen ebenso signifikant unter den auf langjähriger Erfahrung beruhenden Erwartungswerten. Aber auch Selbstmordversuche bei Frauen (nicht die von Männern!) sowie Betriebsunfälle korrellierten in diesen Untersuchungen mit dem vom Süden kommenden Warmwetter."
Zu einem ähnlichen Ergebnis kamen sie auch hinsichtlich der Sterbefallhäufungen:
„Bei Warmluft heranführenden Wettersituationen starben in Hamburg, Frankfurt, München, Köln, Berlin, aber auch in Wien, Paris und Rom signifikant mehr Menschen, als es dem Erwartungswert entsprach; bei kaltem Nordwetter, zum Beispiel auf der Rückseite eines Tiefs, dagegen wiederum signifikant weniger" (Zeitmagazin 48/71, beide Zitate!)
Es kommt im Argumentationszusammenhang dieses einkreisenden Abschnitts nicht darauf an, das angedeutete Phänomen der Wetterabhängigkeit im Detail zu verfolgen, vielmehr soll anhand des Beispieles „Mensch und Wetter" auf einen Bereich hingewiesen werden, den man normalerweise nicht mit „Zwängen" in Verbindung bringt, weil er einer anderen Kategorie angehört oder anzugehören scheint als die verhältnismäßig leicht mit Zwängen vereinbaren sozialanthropologischen und psychologischen Bereiche. Im Zusammenhang dieser Bereichsausweitung erscheint uns das gewählte Beispiel in Richtung folgender Reflexionen aufschlußreich:

– Wenn man eine Reportage über den Zusammenhang von „Mensch und Wetter", wie sie im Zeitmagazin 48/71 abgedruckt ist, liest, dann wird einem schlagartig manches klar, was man bis dahin nur gespürt oder unbewußt gedacht hat. Man vermag Reizzustände bei sich und bei denen, mit denen man zu tun hat (Kinder, Eltern, Arbeitskollegen etc.) als etwas zu verstehen, was einen überfällt und darum nicht so ohne weiteres in der eigenen Verfügungsgewalt steht. Man begreift vielleicht, warum es Tage gibt, an denen alles schief läuft, an denen die Arbeit trotz besten Wollens nicht vorangeht, weil sich eine bleierne Müdigkeit und Dumpfheit auf einen legt. Vor allem aber sieht man sich in die Lage versetzt, mit diesen Phänomenen bei angemessener Reflexion rechnen zu können, sie nicht als Schuld, Versagen oder böse Absicht mißzuverstehen, sondern sich so auf sie einzustellen, daß beispielsweise unnötiger und unsinniger Krach vermieden wird. Andererseits schließt das allerdings nicht aus, daß man genau diese Erklärungen auch als nachträgliche Rationalisierung von eigenem Fehlverhalten benutzt, also die Zwänge an der falschen Stelle aufsucht oder mit fehlgeleiteter Freiheit verwechselt.

- Die Abhängigkeit des Menschen von der atmosphärischen Umwelt signalisiert weitere und andere naturgegebene Abhängigkeiten wie die vom Hormonhaushalt, den Genen sowie der Triebstruktur. Die „biologische" Seite des Menschen ist ein Komplex von Zwängen, die sowohl lebensfähig machen als auch empfindlich gestört werden können. Ja, die Naturgesetze im weitesten Sinne sind überhaupt so etwas wie der umfassendste Zwang, innerhalb dessen sich erst von Freiheit reden lassen und innerhalb dessen sich erst Freiheit vollziehen lassen kann. Wenn man über Zwänge nachdenkt und vor allem, wenn man die Dialektik von Zwängen und Freiheit bedenken will, dann darf man dieses „Faktum" nicht außeracht lassen.

Zwischenresümee

Das in den Beispielen sich im Hinblick auf und unter der Perspektive von „Zwängen" Erschließende läßt sich folgendermaßen zusammenfassen:

1. „Zwänge" sind beziehbar auf Phänomene, auf die sie häufig im Alltagsbewußtsein nicht bezogen werden oder als nicht beziehbar erscheinen. Unter der Perspektive von Zwängen wird Nichtsichtbares sichtbar und Gewohntes verfremdet.
2. „Zwänge" verweisen auf die Verwickeltheit und Komplexität von Lebensbereichen. Sie vermögen zugleich Zusammenhänge aufzudecken und scheinbar Zusammenhangloses zu strukturieren.
3. „Zwänge" haben die Struktur einer Kette oder die von konzentrischen Kreisen, die unendlich fortführbar sind (oder zu sein scheinen).

1.4 „Systematisierung"

Voraussetzungen und methodischer Ansatz

Wer das Phänomen „Zwänge" einkreisen will, der kommt auf Dauer nicht aus mit Assoziationsketten, Spiel-Materialien und isolierten Beispielen, sondern der sieht sich irgendwann genötigt, das Sachfeld „Zwänge"

insgesamt in den Griff zu bekommen, d. h. einen Überblick über die Totalität möglicher Zwänge zu versuchen.
Hilfreich wäre es, wenn es in der wissenschaftlichen Literatur so etwas wie eine Definition von „Zwänge" gäbe. Da dem aber nicht so ist, muß an dieser Stelle angedeutet werden, von welchen Voraussetzungen im Folgenden ausgegangen wird:

Zwänge sind in allen Lebensbereichen wirksam. Sie sind ständig gegenwärtig, wenn auch nicht immer oder vollständig bewußt. Gewöhnlich unterliegt man ihnen, was nicht zugleich meint, man sei ihnen unwiderruflich ausgeliefert.

Zwänge sind hochgradig komplex. Es ist in der Regel nicht möglich, einen Zwang gesondert zu betrachten, also gewissermaßen einen Zwang aus dem Kontext eines ganzen Bündels von Zwängen zu isolieren und so zu tun, als lasse er sich als Einzelphänomen betrachten.

Zwänge sind so zahlreich und so verschiedenartig (und verschiedengewichtig), daß eine irgendwie anzulegende Systematisierung des Sachfeldes stets die Totalität „aller" möglichen Zwänge verfehlt.

Wenn man sich fragt, wo „Zwänge" letzten Endes „wirksam" werden, so ergibt sich theoretisch eine Fülle von Möglichkeiten; diese jedoch betreffen durchweg einen Menschen oder kleine wie große Gruppen von Menschen. Anders gesagt: Der Mensch (oder eben eine Gruppe von Menschen) ist immer der „Brennpunkt", in dem sich eine Fülle von „Strahlen", also „Zwängen", vereinigt, auf den sie ständig wirken, auf den sie sich konzentrieren. Im Bewußtsein des Menschen werden „Zwänge" erfahren.
Es empfiehlt sich also, einen methodischen Ansatz zu wählen, der vom „Brennpunkt" Mensch aus nach der Herkunft und nach dem Zusammenwirken dieser „Strahlen", der Zwänge fragt. Indem man vom Individuum aus gleichsam zurück-fragt, kann man zu einem zwar anfechtbaren, nichtsdestoweniger aber plausiblen Überblick über das Sachfeld „Zwänge" gelangen.

1. Ansatz I

Wenn man davon ausgeht, daß das Individuum Zwängen ausgesetzt ist, die quasi objektiven, d. h. vorgegebenen Verhältnissen außerhalb des Individuums entsprechen, so lassen sich vereinfacht vier Bereiche benennen: Natur, Ökonomie, Gesellschaft, Ideologie:

Skizze I a
(zu Ansatz I)

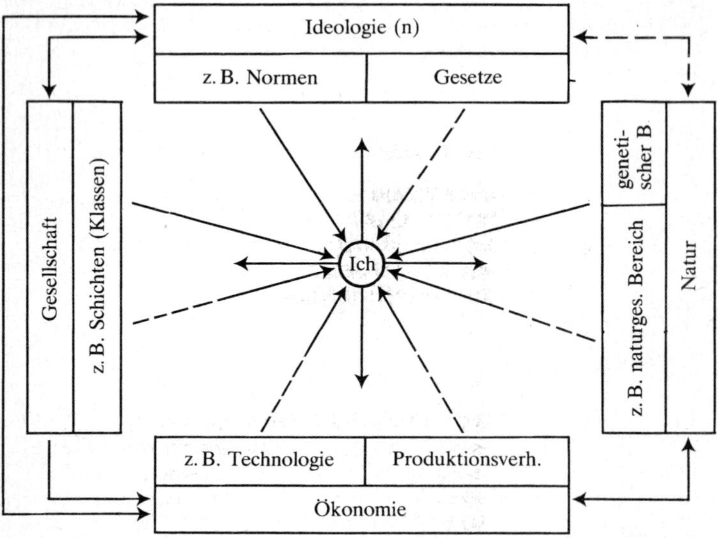

Diese Skizze verdeutlicht vor allem:

- Aus jedem der vier Bereiche wirken Zwänge auf das Individuum.
- Sie wirken mittelbar (---→) oder unmittelbar (——→).
- Die vier Bereiche bedingen bzw. beeinflussen einander (↓⇄↑).
- Die vier Bereiche bestehen aus vielen komplexen Teilbereichen.
- Das Individuum ist nicht nur „Zwängen" ausgesetzt, es kann seinerseits bis zu gewissen Graden entgegenwirken.

„Zwänge" wirken jedoch nicht nur von außen auf das Individuum ein, sie wirken auch *in* ihm. Diese „Binnenstruktur" des Menschen graphisch darzustellen, ist ein waghalsig anmutender Versuch; er dient an dieser Stelle jedoch nur dazu, diesen bisher ungegliederten Bereich des „Innen" zu strukturieren:

Skizze Ib
(zu Ansatz I)

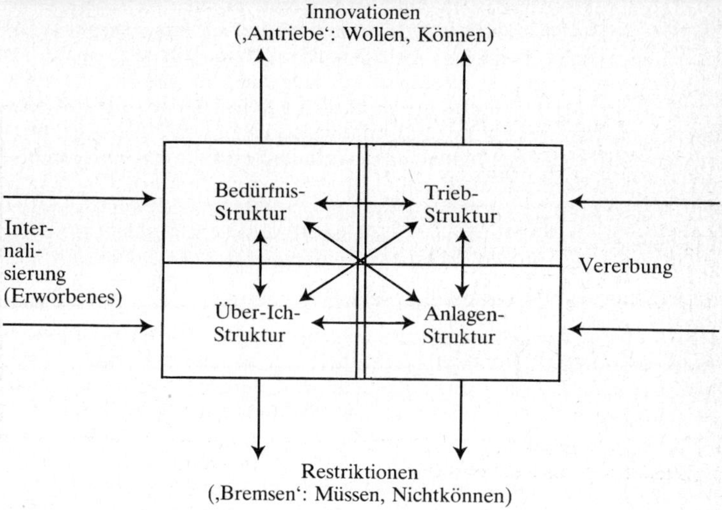

Diese Skizze sei kurz erläutert:

- Die Vertikale || „trennt" den Bereich des Vererbten von dem des Erworbenen, Interalisierten. (Damit werden nur zwei übergreifende Bereiche angenommen.)
- Die Horizontale – scheint anzudeuten, als handele es sich bei „Bedürfnis-" und „Triebstruktur" um einen gegenüber „Über-Ich-" und „Anlagenstruktur" höherwertigen Bereich. Das ist nicht gemeint.
- Die diagonalen ⤩ und doppelten ↕↔ Pfeile besagen, daß zwischen den vier Bereichen Wechselwirkungen stattfinden.

2. Ansatz II

Wenn man den Ansatz I insoweit übernimmt, als man stets darauf bedacht ist, das Individuum als ‚Brennpunkt' (und als Ausgangspunkt für die Frage nach ‚Zwängen') beizubehalten, dann läßt sich auch von ‚Stichworten' ausgehen; und zwar inbezug auf die vier Bereiche der Skizze I a (S. 24). Dadurch kann vermieden werden, daß der Blick zu sehr auf die ‚Binnenstruktur' des Individuums gerichtet wird, und es ist möglich, die außerhalb des Individuums vorfindlichen Bereiche aufzuschlüsseln resp. zu konkretisieren.

In Skizze II (S. 28, 29) wird anhand eines Rasters verschiedener Bereiche („Ökonomische Struktur" usw.) ein Gang durch eine Vielzahl von „Zwängen" gemacht. Dieser Ansatz ist so angelegt, daß von Spalte zu Spalte in der Horizontalen angedeutet wird, welche Zwänge von welchen anderen Zwängen wiederum abhängen (z. B. der Zwang, sich nach Preisen zu richten, von dem Zwang, den eine bestimmte Konjunkturpolitik verursacht, usw.); eben dadurch wird dargestellt, in wie hohem Maße „Zwänge" schon bei linearer Betrachtungsweise komplex sind.

Dieser Ansatz II ist im einzelnen selbstverständlich beliebig ergänzbar, abzuändern, zu verbessern. Immerhin zeigt er, wie geradezu unübersehbar das Sachfeld „Zwänge" ist und wie schwer es daher sein dürfte, einen Überblick zu gewinnen (und eventuell skizzenartig und schematisch bzw. systematisch zu fixieren).

3. Ansatz III

Hier wird zunächst von formalen Kriterien ausgegangen. Es handelt sich dabei um die Gegensatzpaare „normativ – elementar", „mittelbar – unmittelbar" und „intrapersonal – extrapersonal". Es sind dies u. E. in bezug auf „Zwänge" fundamentale antinomische Kriterien, wenn auch nicht die einzigen. Wichtig ist, daß Ansatz III (vgl. Skizze III, S. 30, 31) eines deutlich werden läßt: Je weiter die Differenzierung im Formalen vorangetrieben wird, desto notwendiger wird eine Bestimmung der Inhalte, d. h. der konkreten „Zwänge".
Die Skizze ist als Denkanregung gedacht. Im einzelnen ist dies zu bemerken:

- Zwänge, die dem Einzelnen fast täglich bewußt oder ständig wirksam sind, stehen ganz links. Sie lassen sich beliebig erweitern, austauschen usw.
- Die einzelnen Zwänge sind nach Bereichen, hier als „Strukturen" bezeichnet, geordnet. (Der Ausdruck „Strukturen" wurden gewählt, weil „Bereich" etwas in sich Geschlossenes suggeriert, „Struktur" da-

gegen wenigstens andeutet, daß es bei diesen Abgrenzungen nur um mögliche Perspektiven geht.)

- Die acht „Strukturen“ gruppieren sich um eine zentrale, nämlich um die „Individuelle Struktur“.
- Die Unterscheidung von „extrapersonal – intrapersonal“ ist – wie die Stichworte dazu ausweisen – keine absolute, sondern eine orientierende. (Dies gilt besonders für den Bereich normativer Zwänge).
- Das Individuum steht insofern im Mittelpunkt, als es an der Grenze zwischen dem „Bereich normativer Zwänge“ und dem „Bereich elementarer Zwänge“ steht.
- Jede der „Strukturen“ werden später noch erläuternde Texte zugeordnet (vgl. S. 32 ff).

Die *Vorteile* dieses Ansatzes III sind nach unserer Überzeugung diese:

- Verbindung formaler Kriterien mit inhaltlichen Bestimmungen;
- Überblick, jedoch ohne eine von vornherein unumgängliche perspektivische Verengung;
- Andeutung der Komplexität der „Zwänge“;
- Konzentration der Blickrichtung auf das Individuum bei gleichzeitiger Darlegung der mannigfachen Einflüsse.

Die *Nachteile* sind allerdings nicht zu übersehen:

- Es kann nicht deutlich werden, in welcher Hinsicht bestimmte Abhängigkeiten, Zusammenhänge oder Wechselwirkungen bestehen. Es entsteht sogar bei oberflächlicher Betrachtung der Eindruck, als bestehe zwischen den einzelnen Bereichen und/oder den Bestimmungen von „Zwängen“ kein Zusammenhang.
- Übersichten wie dieser Überblick des Ansatzes III verführen dazu, sich einzubilden, das Sachproblem sei bewältigt, weil das „Systematisierungs“problem einigermaßen bewältigt ist.

Es ist besonders im Hinblick auf die eben erwähnten Nachteile des Ansatzes III jedoch dies zu betonen:

1. Jeder Überblick über die Totalität möglicher „Zwänge“ muß unvollständig bleiben. Er kann nicht die Komplexität und die Reziprozität aller denkbaren resp. vorhandenen „Zwänge“ berücksichtigen bzw. veranschaulichen.
2. Er sagt nichts oder nur kaum etwas aus über das Wirken und über die Folgen jener „Bündel“ von „Zwängen“, deren sich der Nachdenkende bewußt wird.
3. Er suggeriert schließlich, allüberall seien „Zwänge“, und deshalb könne sich der Einzelne ihnen niemals und auf keine Weise entziehen. (Daß dem nicht so ist, wird im 2. und 3. Teil des Studienbuches an Beispielen erläutert und ausgeführt.)

Skizze II (zu Ansatz II)

konkrete Zwänge	zugeordnete Probleme	übergeordnete Abhängigkeiten	
Preise, Warenangebot	Marktlage, Außenhandel, Konjunkturpolitik	Bruttosozialprodukt, Investitionsvolumen	ökonomische Struktur
Anschaffungen	Werbung, Reklame	Steuergesetzgebung	
Genußmittel, Süchte	Gewöhnung; Einfuhren	Zivilisationsstand	
Hobby; Autofahren	Freizeit, Beruf	Angebot, Mode; Absatz, Steueraufkommen	
Aufstehen, Abfahren	Arbeitsplatz, Dienststelle	Standorte, Innenstadt, Großraum	
Arbeitsstunden	Arbeitsverhältnisse; Stellung	Unternehmen, Betriebsführung, Vereinbarungen	
Anweisungen, Vorschriften	Vorgesetzte, Kollegen; Organisationen	Hierarchien, Mitbestimmung	
Belastbarkeit, Stimmung	Arbeitsplatzbedingungen	Betriebs- u. Organisationsstruktur, -klima	
Fristen, Termine	Aufgaben/Aufträge, Pflichten	Arbeitsteilung; Delegation; Interdependenzen	
Gleichförmigkeit der Arbeit	Berufsart (Haushalt): Alltag	Spezialisierung, Technisierung	
Erwerbszwang, Einkommen	Tarifverträge, Gesetze	Eigentumsordnung, „Arbeitsfriede“	
Heizungs- u. Stromkosten	internationale Verträge	Weltmarkt, Machtverhältnisse	
Auto, Nahverkehrsmittel	Verkehrsverhältnisse	Erfindungen; Planung, Geldmittel	technologische Struktur
Wohnung	Mietvertrag, Hausordnung	Bodenrecht; Wohngegend	
Haushaltsgeräte	Angebote, Neuerungen, Reparaturen	Profit; Kraft- und Zeitersparnis	
Tageseinteilung	Lebensverhältnisse, Beruf	hochindustrialisierte Gesellschaft	
Telephon, Klingel	Kommunikation, „grüne Witwen“	Dienstleistungssektor	
Fernsehen, Transistorradio	Freizeitgestaltung	Angebote der Medien	
Sichentscheiden, Wahlen	Wahlversprechen	Parlamentarismus	politische Struktur
Miete, StVO, Steuern	Gesetze	Regierungspolitik	
Ärger; Konflikte, Kompromisse	Interessen, Verhandlungen, Personen	Geschäftsordnungen, Sachzwänge, Ansehen	
Ruhe u. Ordnung; Gewalt	Gruppenerwartungen; Egoismen	Verantwortungsbewußtsein; Rebellion	
Ungleichheit, Ungerechtigkeit	Verfassungswirklichkeit	„System“, „Verhältnisse“	
Einfluß(un)möglichkeit	Stellung, Spielregeln; Vorstellungen	Organisationsstruktur; Vorstände	
Veränderungen	Schwächen/Mängel; Stillstand	Reform	
Desinteresse, Apathie	Vorurteile; Erfahrungen, Einsichten	„Realitäten“	

Glaube, Hoffnung	Gemeinde, Pfarrer	Konfession, Religion	ideologische Struktur
Sinnfrage, -gebung	Unsicherheit, Frustrationen	das „X"	
Schuld, Sünde; Furcht, Angst	andere Menschen, Normen	Primärsozialisation; Kirche	
Ziele: Wollen, Sollen	Anreger; Anlagen, Anspruchsniveau	s. o.	
Gebote, Verbote; Vorbilder	Erziehungseinflüsse	Plausibilitätsstruktur; Erwachsenwerden	
Bräuche (Taufe, Hochzeit)	Verwandte, Nachbarn; „Zeitgeist"	Initiationsriten; Freude, Feste	
Rücksichten, Gehorsam	Eltern, Vorgesetzte	Erziehung, Beruf; Umwelt, Medien	
Denkstruktur, -inhalte	Erzieher; Verarbeitetes	s. o.	
Vorurteile	Mitmenschen, „Andersartige(s)"	Stabilisierung; Deutungssicherheit	
Noten, Versetzungen	Lehrer, Professoren	Schulsystem, Bildungsplanung u. -ökonomie	
Erfahrungen	Reisen, Lektüre, Gespräche	Lebenschancen, Aufstiegswille u. -möglichkeit	
Autoritäten	Bücher, Partner, Chef	Ich-Schwäche; Sozialisation	
Werte u. Normen; Besitz	Gruppenzugehörigkeit, Bedürfnisse	Schicht, Klasse; Einkommen	soziale Struktur
Höflichkeiten	Hausbewohner, Nachbarn, Kollegen	Wohngegend, Arbeitsplatz	
Statussymbole	Bekannte, Freunde	Lebenskreis, Beruf	
Fernsehserien, Toto, Fußball	Ehefrau bzw. -mann, Kinder, Freunde	Familienalltag	
Verhaltensweisen, Eigenheiten	Rollenerwartungen, -verhalten	Normen, Tätigkeit, Gruppenzugehörigkeit	
Daten; Ehe (Scheidung)	Gleichaltrige; „Chancen"; Gesetze	„Normen"; in-group	
Spielgelegenheit; Kleider, Frisur	Elternhaus, Wohngegend; Reklame, Mode	Herkunft, Beruf, Sozialisation, Konsum	
Sorgen (Unfall, Alter)	Komplizierung des Alltags	Sozialgesetzgebung; Individualprobleme	
Mahlzeiten, Hausfrauenarbeit	Haushalt, Kleinfamilie; Langeweile	Alltag; Rolle der Frau	
Jubiläen, Feste, Abende, Skat	Geselligkeit	Vereinsamung, Abkapselung	
Psychosen, Neurosen	Gleichgültigkeit, Gedankenlosigkeit	Überlastungen; „moderne Welt"	
Erotik, Sex	Verbote, „Scham"; Orgasmuserwartungen	Glück	

Skizze III
(zu Ansatz III)

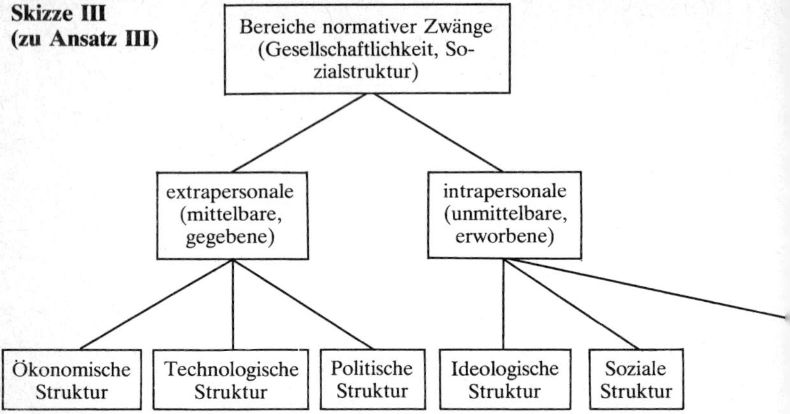

Ökonomische Struktur	Technologische Struktur	Politische Struktur	Ideologische Struktur	Soziale Struktur
z. B.: Erwerbszwang Besitzsicherung Einkommen/Gehalt/Lohn „Immer dasselbe!“ Termine, Fristen Aufstehen, Abfahren, Heimfahren Arbeitsstunden Urlaub, Freizeit Hobby, Ruhe Preise Warenangebot Anschaffungen Nahrungsmittel Genußmittel „Entfremdung“ (auch: Laune, Stimmungen)	z. B.: Stand der Wissenschaft (Bedingungen des Fortschritts, der Hilfe) Verkehrsverhältnisse Haushaltsgeräte (Reparaturen) Auto, Straßen Telephon Briefe Tageseinteilung (z. B. elektr. Licht, Heizg.) Hetze/Eile	z. B.: Meinungen Sich-Entscheiden-Müssen Programme/„Lösungen“ Pflichten/Gesetze etc. Konflikte Kompromiß Ruhe u. Ordnung Freiheiten Ungleichheiten/Ungerechtigkeiten Einflußmöglichkeit Mitgliedschaft Engagement Reformen	z. B.: Glaube/Sinngebung Schuld/Sünde/Angst Riten/Bräuche/Verbote Vorurteile Propaganda „Informationen“/„Wünsche“ Zukunftsgestaltung Denken/Urteile Arbeiten/Noten/Zensuren/Prüfungen/Versetzungen Anspruchsniveau Ziele: Wollen/Sollen Man . . . Sprache Interessen Anregungen Autoritäten	z. B.: Begrüßungen Statussymbole Ansprüche Fernsehserien/Lotto Heiraten Spielgelegenheit Schminken/Frisur Partys, Konversation Sorgen, Rechnungen/Raten/Urlaub Jubiläen, Feste Skat/Kaffeekränzchen Bundesliga Haustratsch Krankheit/Schmerz Geschlecht Streit Verantwortung

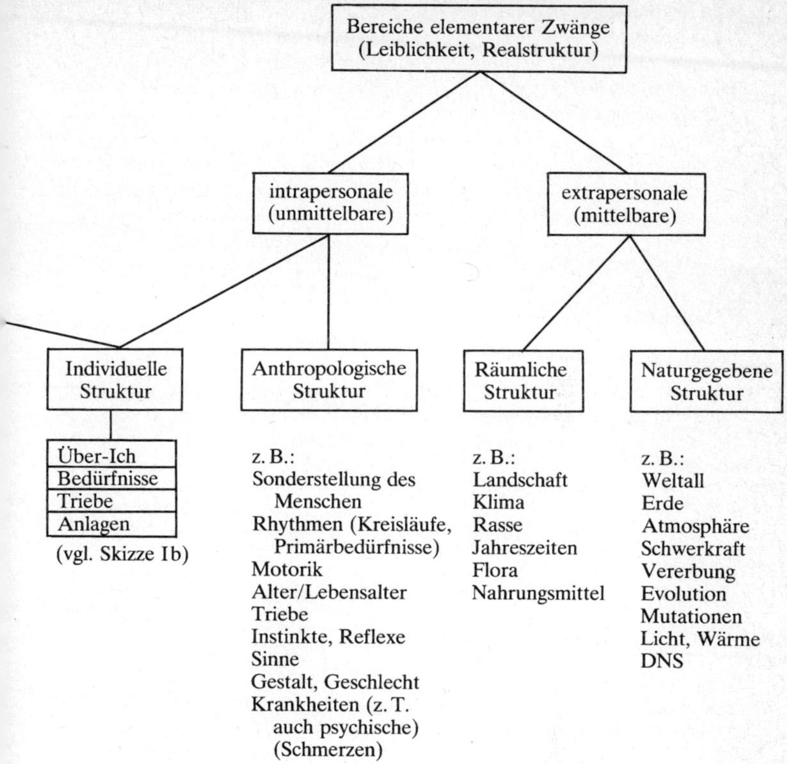
Bereiche elementarer Zwänge (Leiblichkeit, Realstruktur)
intrapersonale (unmittelbare)
extrapersonale (mittelbare)
Individuelle Struktur
Anthropologische Struktur
Räumliche Struktur
Naturgegebene Struktur
Über-Ich
Bedürfnisse
Triebe
Anlagen
(vgl. Skizze Ib)
z. B.: Sonderstellung des Menschen, Rhythmen (Kreisläufe, Primärbedürfnisse), Motorik, Alter/Lebensalter, Triebe, Instinkte, Reflexe, Sinne, Gestalt, Geschlecht, Krankheiten (z. T. auch psychische) (Schmerzen)
z. B.: Landschaft, Klima, Rasse, Jahreszeiten, Flora, Nahrungsmittel
z. B.: Weltall, Erde, Atmosphäre, Schwerkraft, Vererbung, Evolution, Mutationen, Licht, Wärme, DNS

4. Materialien zu Ansatz III

Die voranstehenden drei Ansätze zu einem Überblick über das Sachfeld „Zwänge" bestehen – um der Übersichtlichkeit willen – aus einer Fülle von Stichworten; diese wiederum sind unter- oder zugeordnet verschiedenen „Strukturen". Zu einem Überblick über dieses umfassende Sachfeld gehört nach unserer Meinung eine vertiefende Erläuterung eben dieser „Strukturen". In der Folge werden Zitate aufgeführt, die verschiedene (bei weitem jedoch nicht alle) Aspekte der acht „Strukturen" verdeutlichen sollen.

1. „Ökonomische Struktur":

Aspekt „Produktionsverhältnisse":

► „In der gesellschaftlichen Produktion ihres Lebens gehen die Menschen bestimmte, notwendige, von ihrem Willen unabhängige Verhältnisse ein, Produktionsverhältnisse, die einer bestimmten Entwicklungsstufe ihrer materiellen Produktivkräfte entsprechen. Die Gesamtheit dieser Produktionsverhältnisse bildet die ökonomische Struktur der Gesellschaft, die reale Basis, worauf sich ein juristischer und politischer Überbau erhebt, und welcher bestimmte gesellschaftliche Bewußtseinsformen enstsprechen." ◄

(K. Marx, Zur Kritik der Politischen Ökonomie, MEW 13, S. 8–9)

► „[Es ist der] Wirtschaftssektor, der den bedeutendsten Wandlungen unterworfen ist und der damit auch unser Leben am nachhaltigsten verändert." „Die hohe Produktivität und die hohen Einkommen – Früchte fortschrittlicher Technologie und umfassender Organisation – befreien einen großen Teil der Bevölkerung von der Bedrängnis physischer Not." „[Wir haben] heute ein Wirtschaftssystem, das, wie immer man es auch bezeichnen mag, im wesentlichen eine Planwirtschaft ist. In der Produktion geht die Initiative nicht vom König Kunden aus, der durch sein Marktverhalten dem Produktionsmechanismus seinen Willen aufzwingt, sondern von den großen Produktionsbetrieben, die die Märkte, denen sie angeblich dienen, kontrollieren und die darüber hinaus die Käuferwünsche entsprechend den Produktionsmöglichkeiten zu beeinflussen suchen." ◄

(J. K. Galbraith, Die moderne Industriegesellschaft, Droemer Knaur, München/Zürich, 1968, S. 22, S. 17 u. S. 19)

► „Die politische, rechtliche, philosophische, religiöse, literarische, künstlerische etc. Entwicklung beruht auf der ökonomischen. Aber sie alle reagieren auch aufeinander und auf die ökonomische Basis. Es ist nicht, daß die ökonomische Lage Ursache, allein aktiv ist und alles andere nur passive Wirkung. Sondern es ist Wechselwirkung auf Grundla-

ge der in letzter Instanz stets sich durchsetzenden ökonomischen Notwendigkeit.“ ◀
(Fr. Engels an Borgius, MEW 39, S. 206)

Aspekt „Beruf“:

▶ „Dem Berufssystem inhärent ist eine Wettbewerbsdimension. Auch dort, wo der Wettbewerbserfolg als solcher kein wesentliches direktes Ziel darstellt, sondern dem funktionellen Leistungserfolg als solchem eher untergeordnet ist, ist dem System trotzdem ein selektiver Prozeß eigen, der unter anderem über den Zugang zu den Möglichkeiten eines höheren Leistungserfolgs entscheidet ... Diese selektiven Wettbewebsprozesse führen unvermeidlich dazu, daß sich die Personen innerhalb des Systems auf eine relativ ausgeprägte Prestige-Hierarchie verteilen.“ ◀

(T. Parsons, Soziologische Theorie, Soziologische Texte 15, Luchterhand, Neuwied, 1968, 2. Aufl., S. 241)

2. „Technologische Struktur“:

Aspekt „Technischer Fortschritt“:

▶ „Ein zweiter grundlegender Beeinflussungsfaktor ist der technische Fortschritt. Er hängt im wesentlichen von drei Faktoren ab: von der Zahl der grundlegenden Erfindungen, von den Möglichkeiten, ihre technische Anwendbarkeit zu erforschen, und von den Anreizen, die Ergebnisse kommerziell zu nutzen. Seine Intensität beruht entscheidend auf einer entsprechenden Motivation bestimmter sozialer Schichten oder Personen ... Technische Veränderungen wirken sich vor allem in einer Strukturänderung der jeweiligen Arbeitsteilung aus, indem sie Art und Umfang des Kapitaleinsatzes verändern und langfristig auch die Berufsstruktur beeinflussen.“ ◀

(F. Fürstenberg, Wirtschaftssoziologie, Sammlung Göschen 1193, Berlin, 1961, S. 96 und 97)

Aspekt „Technischer Entwicklungsstand“:

▶ „Wenn man sich vergegenwärtigt, daß die technische Entwicklung einer Logik folgt, die der Struktur zweckrationalen und am Erfolg kontrollierten Handelns, und das heißt doch: der Struktur der Arbeit, entspricht, dann ist nicht zu sehen, wie wir, solange die Organisation der menschlichen Natur sich nicht ändert, solange wir mithin unser Leben durch gesellschaftliche Arbeit ... erhalten müssen, auf Technik, und zwar auf unsere Technik, zugunsten einer qualitativ anderen sollten verzichten können.“ ◀

(J. Habermas, Technik und Wissenschaft als „Ideologie“, edition suhrkamp 287, Frankfurt, 1968, S. 56-57)

Aspekt „Technische Beherrschung“:

▶ „Ideologiekritik ... [sieht] in den wirtschaftlichen und gesellschaftlichen Herrschaftsverhältnissen repressive Zwänge am Werke ... Doch wirksamer noch ist, weil sie einen jeden erreicht, die lautlose Form, in der immer weitere Gebiete des menschlichen Lebens technischer Beherrschung unterworfen werden und rationale Automatismen an die Stelle der persönlichen Entscheidung des einzelnen und der Gruppe treten ... Je rationaler die Organisationsformen des Lebens gestaltet werden, desto weniger vernünftiges Urteil wird im einzelnen geübt und geschult." ◀

(H.-G. Gadamer, Theorie, Technik, Praxis – die Aufgabe einer neuen Anthropologie, in: H.-G. Gadamer u. P. Vogler, Biologische Anthropologie, Erster Teil, dtv Wissenschaftliche Reihe 4069, München, 1972, S. XV und S. XXIII)

Aspekt „Automation":

▶ „Die Erfahrung, daß die „rationalisierte", sinnentleerte Produktionsweise der Großindustrie dem ganzen modernen Leben ihren Stempel aufgedrückt hat, läßt darauf schließen, daß auch die Automation analoge Folgen haben kann. Dies gilt um so mehr, als in der Anwendung des Automationsprinzips eine Entwicklung auf die Spitze getrieben wird, die mit der Rationalisierungsbewegung deutlich geworden ist: eine Art „surplus population". Das heißt, daß in den großen Industriestaaten die meisten Menschen in ihrer wirtschaftlichen Tätigkeit leicht gegen irgendwelche andere Personen ausgewechselt werden können und deshalb – vom Individuum aus gesehen – in einer Friedenswirtschaft dauernd von Arbeitslosigkeit bedroht sind." ◀

(F. Pollock, Automation, Frankfurter Beiträge zur Soziologie Bd. 5, EVA, Frankfurt, 1964, S. 295–296)

Aspekt „Entfremdung":

▶ „Das Produkt der Arbeit ist die Arbeit, die sich in einem Gegenstand fixiert, sachlich gemacht hat, es ist die Vergegenständlichung der Arbeit ... In der Bestimmung, daß der Arbeiter zum Produkt seiner Arbeit als einem fremden Gegenstand sich verhält, liegen alle ... Konsequenzen ... Die Entäußerung (Anm.: sonst auch „Entfremdung") des Arbeiters in seinem Produkt hat die Bedeutung, nicht nur, daß seine Arbeit zu einem Gegenstand ... wird, sondern daß sie außer ihm, unabhängig, fremd von ihm existiert und eine selbständige Macht ihm gegenüber wird, daß das Leben, was er dem Gegenstand verliehen hat, ihm feindlich und fremd gegenübertritt ... Die Entfremdung zeigt sich nicht nur im Resultat, sondern auch im Akt der Produktion ... Worin besteht nun die Entäußerung der Arbeit? Erstens, daß die Arbeit dem Arbeiter äußerlich ist, d.h. nicht zu seinem Wesen gehört, daß er sich daher in seiner Arbeit nicht bejaht, ... unglücklich fühlt ... Der Arbeiter fühlt sich daher erst außer der Arbeit bei sich und in der Arbeit außer sich." ◀

(K. Marx, Ökonomisch-philosophische Manuskripte, MEW Erg. bd. 1, S. 511–514, Auszüge)

▶ „Die Marxsche Lehre von der Selbstentfremdung des Menschen knüpft ... an frühindustrielle Erfahrungen an ... Es ist die Geschichte vom Sündenfall, der Vertreibung aus dem Paradies und der Erlösung, aber ohne Gott. Der Mensch hat das Verhängnis seiner Versklavung an die Mittel des eigenen Tuns sich selber zugezogen, und er wird sich ... befreien ... Den durch ihre Organisationen geschützten Menschen des hochindustrialisierten Wohlfahrtsstaates ist die Ansprechbarkeit für die heilsgeschichtliche Perspektive des Entfremdungstheorems verlorengegangen. Aber die Idee der Entfremdung lebt weiter." ◀

(H. Plessner, Das Problem der Öffentlichkeit und die Idee der Entfremdung, in: ders., Diesseits der Utopie, suhrkamp taschenbuch 148, Frankfurt, 1974, S. 16–17)

3. „Politische Struktur":

Aspekt „Herrschaft":

▶ „Jede Herrschaft äußert sich und funktioniert als Verwaltung. Jede Verwaltung bedarf irgendwie der Herrschaft, denn immer müssen zu ihrer Führung irgendwelche Befehlsgewalten in irgend jemandes Hand gelegt sein." „Herrschaft ist ein Sonderfall von Macht. Wie bei anderen Formen der Macht, so ist auch bei der Herrschaft im speziellen es keineswegs der ausschließliche oder auch nur regelmäßige Zweck ihrer Inhaber, kraft derselben rein ökonomische Interessen zu verfolgen." ◀

(M. Weber, Wirtschaft und Gesellschaft, II. Halbband, Mohr, Tübingen, 1956, S. 697 u. 691)

Aspekt „Politik":

▶ „Unter Politik als Lebensbereich der Gesellschaft verstehen wir die auf Herrschaft beruhende, allgemeinverbindliche Regelung und Gestaltung des Gesellschaftslebens ... Es werden in der Politik nicht nur Verhältnisse geregelt, die sonst ungeregelt wären oder anderweitig geregelt würden, es werden auch Lebensverhältnisse geschaffen und verändert." ◀

(M. Hättich, Grundbegriffe der Politikwissenschaft, Wissenschaftliche Buchgesellschaft, Darmstadt, 1969, S. 73)

▶ „Politik, das politische Feld, ist gekennzeichnet durch wissenschaftlich als Fragen formulierte Probleme, alternative Möglichkeiten, diese Probleme zu bewältigen, also Möglichkeiten des offenen oder unterdrückten Konflikts, und schließlich der Entscheidung und Durchführung der aktualisierten Problemlösung. Grundlegend für Politik ... ist die durch aktuelle Einschränkungen begrenzte Offenheit des sozialen Handlungsraums." ◀

(W.-D. Narr, Logik der Politikwissenschaft – eine propädeutische Skizze, in: G. Kress u. D. Senghaas, Politikwissenschaft, Fischer Bücherei 6150, Frankfurt, 1972, S. 24)

Aspekt „Privateigentum und Wettbewerb":

▶ „Das System beruht auf privatem Eigentum des Unternehmers an den Produktionsmitteln und auf privater Verfügungsmacht des „schöpferischen" Unternehmers über sie; die Person des Unternehmers aber verliert zunehmend an Bedeutung gegenüber den entpersönlichten Blöcken konzentrierten Kapitals ... Das System beansprucht, durch den Wettbewerb individuelle unternehmerische Freiheit zum Ausdruck zu bringen, die sich überdies ökonomisch vorteilhaft auswirke, weil sie eine optimale Versorgung des Verbrauchers garantiere; in Wirklichkeit ist der Wettbewerb in weiten Bereichen der Wirtschaft ganz oder teilweise ausgeschaltet." ◀

(J. Huffschmid, Die Politik des Kapitals, edition suhrkamp 313, Frankfurt, 1969, S. 133)

▶ „Für das Eigentum an Produktionsmitteln ist schließlich bedeutsam, daß sich die Beziehungen zwischen Wirtschaft und Staat grundlegend gewandelt haben ... Die Wünsche der modernen Industrie an die politischen Gemeinwesen ... beginnen mit der Ausbildung geeigneten Personals, der Bereitstellung wissenschaftlicher und technischer Kenntnisse und spezifizieren sich auf das einzelne Unternehmen in Fragen der Standortwahl und Infrastruktur, der Produktionsplanung und des Absatzes ... Kennzeichnend ist die intensive Zusammenarbeit des Staates und der Wirtschaft auf allen Ebenen, weil nur dadurch eine Abstimmung der beiderseits verfolgten Absichten und Planungen möglich ist." ◀

(H. Rittstieg, Eigentum als Verfassungsproblem, Wissenschaftliche Buchgesellschaft, Darmstadt, 1975, S. 349)

Aspekt „Arbeitsplatz":

▶ „Nach der Herzbergschen Theorie der Arbeitsmotivation besitzt der Mensch ein zweidimensionales Bedürfnissystem nach Vermeidung und Entfaltung. Die Vermeidungsbedürfnisse entstehen, um der Mühsal des Lebens zu entgehen. Die Abwesenheit von Unzufriedenheit (das ist etwas anderes als die Abwesenheit von Zufriedenheit) ist dann gegeben, wenn alle Punkte zufrieden geregelt sind, die F. Herzberg als Hygienefaktoren bezeichnet hat: Beziehungen zu Vorgesetzten, Beziehungen zu Kollegen, Führungstechnik, Organisation und Management, Arbeitsbedingungen, berufliche Sicherheit ... Hygienefaktoren (sind) zwar notwendige, aber keine hinreichenden Voraussetzungen für Arbeitszufriedenheit. Wird dagegen das Bedürfnis des Menschen nach Entfaltung befriedigt, entsteht echte und ausdauernde Zufriedenheit. Zu den eigentlichen Motivatoren und „Zufriedenmachern" gehören vor allem: Herausforderung durch die Aufgabe, Selbstbestätigung durch Erfolgserlebnisse, Verantwortungsvermehrung, Möglichkeiten persönlicher Entwicklung." ◀

(G. Rühl, Menschengerechte Arbeitsplätze durch soziotechnologische Systemgestaltung, in: W. Schlaffke u. andere, Qualität des Lebens am Arbeitsplatz, Deutscher Instituts-Verlag, Köln, 1974, S. 83–84)(vgl. F. Herzberg, B. Mausner, B. Snydermann, The Motivation to Work, New York, 1967)

Aspekt „Freiheitliche demokratische Grundordnung“:

▶ Diese freiheitliche demokratische Ordnung nimmt die bestehenden, historisch gewordenen staatlichen und gesellschaftlichen Verhältnisse und die Denk- und Verhaltensweisen der Menschen zunächst als gegeben hin. Sie sanktioniert sie weder schlechthin, noch lehnt sie sie grundsätzlich und im ganzen ab; sie geht vielmehr davon aus, daß sie verbesserungsfähig und -bedürfig sind. Damit ist eine nie endende, sich immer in neuen Formen und unter neuen Aspekten stellende Aufgabe gegeben; sie muß in Anpassung an die sich wandelnden Tatbestände und Fragen des sozialen und politischen Lebens durch stets neue Willensentschließungen gelöst werden.“ ◀

(Urteil des 1. Senats des Bundesverfassungsgerichts (5; 85, 197f.) vom 17.8.1956)

Aspekt „Autorität“:

▶ „Was liegt der auctoritas zum Grunde? . . . das Gefühl, daß nicht jeder alles, und besonders nicht alles allein versteht; der Respekt vor einer Persönlichkeit, in der überlegene Erfahrung, Sachkunde und Verantwortungsgefühl verkörpert sind, verbunden mit dem Wunsch, immer möglichst sicher zu gehen; das Mißtrauen gegen jede Eingebung.“ „Deshalb kommt es gerade auf die Festigkeit der institutionellen Autorität der demokratischen Organe an, damit sie bei wechselnder Besetzung die Kontinuität ihrer Autorität bewahren können. ◀

(Th. Eschenburg, Über Autorität, edition suhrkamp 129, S. 18 u. 169)

Aspekt „Pluralismus“:

▶ „Erst im Zuge dieser kritischen Bestandsaufnahme (Anm.: durch die sog. Neue Linke) wurde deutlicher,
(1) daß der etablierte Pluralismus ein festgefügtes, relativ starres Machtsystem darstellt, das gesellschaftlichen Veränderungen großen Widerstand entgegensetzt;
(2) daß die gesellschaftlichen Interessen der großen sozialen Gruppen unterschiedliche Chancen haben, sich durchzusetzen (daß beispielsweise das Interesse der Unternehmer in dieser Gesellschaft größere Durchschlagskraft besitzt als das der Arbeitnehmer);
(5) daß dank der Gesamtmacht der Verbände das öffentliche Interesse gegenüber der Vielfalt und Stärke privater Interessen meist den kürzeren zieht.“ ◀

(K. Sontheimer, Die Kritik am Pluralismus, in: Fr. Nuscheler u. W. Steffani (Hrsg.), Pluralismus, Piper, München, 1972, S. 212)

Aspekt „Parlamentarismus“:

▶ „Die parlamentarische Regierung ist also weder vom Parlament unabhängig noch diesem einseitig unterworfen. Sie kann durch ihre Mitglieder (Anm.: die in der Regel Mitglieder des Parlaments sind) zugleich innerhalb des Parlaments, im Plenum, in den Ausschüssen, in den Frak-

tionen der Regierungsparteien und deren Arbeitskreisen unter insoweit gleichgestellten Abgeordneten für ihre Initiativen werben. Die Regierung ist sozusagen ihre eigene Lobby im Parlament." ◀
(R. Leicht, Grundgesetz und politische Praxis, Reihe Hanser 155, München, S. 72)

▶ „Die Wahl des wahlberechtigten Staatsbürgers beginnt dort, wo die Wahl der Parteibürger endet: bei der Entscheidung für einen der von konkurrierenden Parteien präsentierten (das heißt: vorweg ausgewählten) Kandidaten bzw. Kandidatenlisten). Weniger als 5% der Wahlberechtigten beschränken auf diese Weise die Entscheidungsmöglichkeiten aller anderen." ◀
(P.-L. Weinacht, Eine neue Verfassung für die Bundesrepublik, Reihe „Kontrovers" der Bundeszentrale für politische Bildung, o. J., S. 64–65)

Aspekt „Einplanung":

▶ „Weil . . . die moderne Arbeitsgesellschaft in ihrem rationalen Selbstverständnis Freiheit und Würde für jedermann sichern will . . ., hat sie mit der fortschreitenden Bekämpfung materiellen Elends und der siegreichen Durchsetzung sozialen Bürgerrechts eine neue Bedrohung des Menschen heraufbeschworen. Seine unaufhaltsame Einplanung in öffentliche Zusammenhänge engt den Raum, in dem er noch ein privates Dasein führt, immer mehr ein." ◀
(H. Plessner, Diesseits der Utopie, suhrkamp taschenbuch 148, Frankfurt, 1974, S. 20)

4. „Ideologische Struktur":

Aspekt „Religion und Ideologie":

▶ „Der Mensch macht die Religion, die Religion macht nicht den Menschen. Und zwar ist die Religion das Selbstbewußtsein und das Selbstgefühl des Menschen, der sich selbst entweder noch nicht erworben oder schon wieder verloren hat . . . Dieser Staat, diese Sozietät produzieren die Religion, ein verkehrtes Weltbewußtsein . . . Die Religion ist die allgemeine Theorie dieser Welt . . ., ihr allgemeiner Trost- und Rechtfertigungsgrund . . . Die Kritik des Himmels verwandelt sich damit in die Kritik der Erde." ◀
(K. Marx, Zur Kritik der Hegelschen Rechtsphilosophie, MEW 1, S. 378–379)

▶ „Die Gedanken der herrschenden Klasse sind in jeder Epoche die herrschenden Gedanken, d. h. die Klasse, welche die herrschende materielle Macht der Gesellschaft ist, ist zugleich ihre herrschende geistige Macht . . . Die herrschenden Gedanken sind weiter nichts als der ideelle Ausdruck der herrschenden materiellen Verhältnisse." ◀
(K. Marx u. Fr. Engels, Die deutsche Ideologie, MEW 3, S. 46)

► „Ideologie [läßt sich] definieren als ein System von Welt deutenden Vorstellungen – Ideen – und von daraus entwickelten Werten und Normen, das den einzelnen, gesellschaftliche Gruppen oder die menschliche Gesellschaft schlechthin veranlaßt und befähigt, zu handeln und also zu leben. Die Komplexität solcher Systeme verbietet ein Urteil, ob sie „wahr" oder „falsch" sind." ◄

(E. Lemberg, Ideologie und Gesellschaft, Kohlhammer, Stuttgart, 1971, S. 34)

► „Die Gesellschaft drückt uns ein „Programm" auf, nach dem wir handeln und das wir, wenn unsere Reflexionskraft hoch genug ist, im ganzen bewußt annehmen oder verwerfen können. – Diese gesellschaftlichen Programme determinieren uns, d. h. sie bestimmen die als normal empfundenen Handlungsmuster." ◄

(H. Schaeffer u. P. Novak, Anthropologie und Biophysik, in: H. G. Gadamer u. P. Vogler, Biologische Anthropologie, Erster Teil, dtv Wissenschaftliche Reihe 4069, München, 1972, S. 48)

Aspekt „Ideologien – Normen – Aufklärung":

► „Die Ideologie . . . muß . . . notwendigerweise unklar und zweideutig sein, denn sie muß, um die Kraft des Glaubens zu bewahren, möglichst lange ihre Formeln unverändert lassen, und zugleich muß sie, wenn sie im Verlauf ihres Wirkens erfolgreich sein will, den Sinn dieser Formeln ständig wechseln . . . Die Ideologie erreicht ihre Lebensfülle erst dann, wenn sie organisatorisch gefestigt ist, denn nur auf der Grundlage einer Organisation ist die Existenz einer Priesterkaste und unanfechtbarer Autoritäten denkbar . . . Die Losung einer totalen Befreiung von der Ideologie ist eine naive Fiktion, und diejenigen, die sich einbilden, daß es ihnen gelungen ist, sich von ihr zu lösen, sind nur Opfer einer Mystifikation, die selbst einen ideologischen Charakter trägt." ◄

(L. Kolakowsky, Der Mensch ohne Alternative, Piper, München, Neuausgabe 1967, S. 33)

► „Die sozialen Gebilde, die für die Verankerung der Bezugsskalen einer Person und damit ihrer kognitiven und normativen Weltorientierung relevant sind, pflegt man ihre Bezugs-Gruppen zu nennen. Ein Wechsel des sozialen Milieus und damit der Bezugsgruppen hat im allgemeinen entsprechende Auswirkungen auf die Einstellungen und Überzeugungen der betreffenden Person." ◄

(H. Albert, Plädoyer für einen kritischen Rationalismus, Piper, München, 1971, S. 31)

► „Aufklärung ist der Ausgang des Menschen aus seiner selbst verschuldeten Unmündigkeit. Unmündigkeit ist das Unvermögen, sich seines Verstandes ohne Leitung eines anderen zu bedienen. Selbstverschuldet ist diese Unmündigkeit, wenn die Ursache derselben nicht am Mangel des Verstandes, sondern der Entschließung und des Mutes liegt, sich seiner ohne Leitung eines anderen zu bedienen." ◄

(I. Kant, Beantwortung der Frage: Was ist Aufklärung?, 1784)

► „Um an die Quelle zu kommen, muß man gegen den Strom schwimmen." „Das Leben zwingt den Menschen zu allerlei freiwilligen Handlungen." ◄

(St. Lec, Das große Buch der unfrisierten Gedanken, Hanser, München, 1971, S. 53 u. 34)

Aspekt „Sozialisation":

► „Erziehungspraktiken der Mittelschicht ...: Nachgiebigkeit der Eltern gegenüber den frühen Wunschäußerungen ihrer Kinder, die Erziehung zur Verinnerlichung von Verhaltenserwartungen und die Betonung der kindlichen Selbstkontrolle bei gleichzeitig hochgesteckten Erwartungen und Anforderungen an Leistungen und Selbständigkeit, verbunden mit häufigen Belohnungen bei Erfüllung der Erwartungen sind für die Eltern der Mittelschicht kennzeichnend; das sind gleichzeitig wesentliche Bedingungen für die Herausbildung eines intensiven Leistungsstrebens." ◄

(H.-G. Rolff, Sozialisation und Auslese durch die Schule, Quelle u. Meyer, Heidelberg, 1971, S. 42)

Aspekt „Anpassung":

► „Wir können zum Zweck modellhafter Vergegenwärtigung vier Grundkomponenten der Anpassung an die menschliche Mitwelt unterscheiden:

1. Anpassung passiver Art an die bestehenden Verhältnisse ...
2. Als Spiegelung dieser passiven Anpassung an die sozialen Lebensformen vollziehen wir eine ebensolche Anpassung nach innen, das heißt, wir formen unsere Triebkräfte und Befriedigungen nach den Forderungen der Außenwelt ...
3. Aktive Anpassung nach außen erreichen wir dann, wenn es uns gelingt, unsere Mitwelt durch unsere Impulse so weit auf uns einzustimmen, daß sie auf uns eingeht, daß unsere Absichten die mit ihnen geschaffenen Situationen aktiv gestalten.
4. Spiegelbildlich entspricht dem die aktive Anpassung nach innen. Wir übernehmen dann nicht blindlings, passiv-gehorsam vorgeschriebene Formen des Verhaltens, sondern modifizieren ... Wir übernehmen also die Initiative und damit auch eine doppelte Verantwortung – vor uns selber wie vor der sozialen Mitwelt." ◄

(A. Mitscherlich, Auf dem Weg zur vaterlosen Gesellschaft, Piper, München, 1963, S. 17–18)

5. „Soziale Struktur":

Aspekt „Schichten":

► „Gesellschaftliche Schichtung schlägt sich nieder und läßt sich ablesen am Verhalten der Menschen. Das tägliche Tun und Lassen, der Lebensstil, soziale Leitbilder, Erziehungsideale u. a. m. sind weitgehend

schichtgebunden. Wohngegend und Haustyp, Kleidung und Sprachgewohnheiten, Sport und Freizeitgestaltung können so neben vielen anderen Momenten zu Symbolen der Schichtzugehörigkeit werden." ◀
(R. König (Hrsg.), Soziologie, Fischer Lexikon 10, Frankfurt, 1967, Neuausgabe, S. 275)

▶ „Unsere bestimmenden Institutionen im Bereich von Wirtschaft, Politik, Kirche, Erziehung, Kultur und Recht, also das gesamte gesellschaftliche Leben schlechthin, sind in außerordentlich starkem Maße an den Bedürfnissen, Interessen und Werten der Mittelschichten orientiert. Eine Begründung für diese Mittelschichtenorientierung ist u. a. darin zu suchen, daß bei uns die Mittelschichten heute die größte Zahl von Menschen umfassen. Diesen Gesichtspunkt berücksichtigen alle Eliten, die entweder der demokratischen Legitimation durch Mehrheitszustimmung bedürfen oder (und) wirtschaftliche Interessen des Großabsatzes von Gütern, Leistungen oder Ideologien verfolgen." ◀
(K.M. Bolte (Hrsg.), Deutsche Gesellschaft im Wandel, Bd. I, Leske, Opladen, 1967, 2. Aufl., S. 325)

Aspekt „Eliten":

▶ „Eliten sind Machteliten, weil sie ihre Auffassungen durchzusetzen vermögen . . . Freilich mit wichtigen Unterschieden und Gruppierungen: in wesentlichen politischen Fragen stehen sich die Spitzenpublizisten aus Presse, Funk und Fernsehen, die Hochschullehrer und die Gewerkschaftler nahe (sie plädieren z. B. für eine wirksame öffentliche Kontrolle der Regierung); demgegenüber stimmen die Wirtschaftsführer weitgehend mit den befragten Mitgliedern der Bonner Spitzenbürokratie überein, indem sie deutlich autoritäre Neigungen zeigen . . . Strukturell kann man . . . in der westdeutschen Gesellschaft als sicherste Voraussetzung für eine Karriere die hohe soziale Stellung der Eltern sehen." ◀
(U. Jaeggi, Macht und Herrschaft in der Bundesrepublik, Fischer Bücherei 1014, Frankfurt, 1969, S. 24)

▶ „Es gibt keinen freien Austausch innerhalb der Elite; sie ist in Westdeutschland in feststrukturierte Einheiten von langer Tradition und weithin ähnlichen Schicksalen zwar nicht gespalten, aber doch getrennt. Diese Tatsache vermag vielleicht einige der Charakterzüge der Nachkriegsgesellschaft verständlicher zu machen: die Unsicherheit und Uneinheitlichkeit an der Spitze, das Fehlen einer „guten Gesellschaft", die den Ton angibt, oder die relative Trennung von Macht, Einkommen und Prestige." ◀
(W. Zapf, Wandlungen der deutschen Elite, Piper, München, 1965, S. 199–200)

Aspekt „Armut":

▶ „Zwischen 24 und 25 Prozent der Haushalte in der Bundesrepublik leben mit einem Einkommen unter dem Existenzminimum in materieller Verelendung. Daraus resultieren eine Vielzahl von individuellen und sozialen Behinderungen und Entbehrungen: fehlende Wohnungen, zermürbende Arbeitsbedingungen, Krankheit, Sozialisationsschäden bei den Kindern, Resignation ... Es herrschen wie vor 100 Jahren: hohe Säuglingssterblichkeit, hohe Invaliditätsrate, hoher Anteil an psychischen Krankheiten, hoher Anteil an Heiminsassen, hoher Anteil an Kriminalität, Deklassierung ... Diese psychische Verelendung signalisiert eine neue Ebene der Verelendung in der BRD: die Entpolitisierung." ◀

(J. Roth, Armut in der Bundesrepublik, Fischer Bücherei 1427, Frankfurt, 1974, S. 11–12)

▶ „1. Das gegenwärtige Steuersystem ist in vieler Hinsicht als Instrument für eine Einkommensübertragung an die wirtschaftlich schlechter Gestellten unvollkommen. Viele haben zu kleine Einkommen, um von Steuererleichterungen profitieren zu können ...

2. Die Zuschüsse der Gemeinden an Menschen mit niedrigem Einkommen erfolgen gegenwärtig in Form von Sozialhilfe, Witwenrente, Invalidenhilfe, Ausbildungszuschüssen, Unterstützung von Familien Wehrpflichtiger usw. ...

3. Es ist bekannt, daß es vielen Menschen schwerfällt, ihre Rechtsansprüche auf die verschiedenen Hilfen wahrzunehmen. Einmal ist das System schwer überschaubar, zum anderen hindern sie Hemmungen oder Unvermögen, sich gegenüber den Behörden zu behaupten ...

4. Die individuelle Bedürfnisprüfung und die wiederholten Kontrollen, die in dem Sozialhilfesystem von heute verlangt werden, erscheinen vielen als demütigend. Sie werden als Teil eines veralteten Armenpflegesystems empfunden." ◀

(Alva-Myrdal-Report der schwedischen Sozialdemokraten, hrsg. von W. Menningen, rororo 1457, Reinbek, 1971, S. 108–109)

Aspekt „Überlastung der Intimgruppe":

▶ „Indem die hochspezialisierte Arbeitsteilung die aus ihr fließende Disziplinierung und Rationalisierung der modernen Produktionsbedingungen den seelischen und gefühlsbetonten Verhaltensweisen der Menschen immer weniger Raum in seinem Berufsleben boten, sind im Rückschlag dazu die Familie und sonstige intime Gemeinschaften schon vielfach zum Austragungsort der emotionalen Spannungen geworden, die außerhalb dieser Gruppen geschaffen wurden, dort aber unterdrückt werden mußten. Daß der im Berufsleben aufgestaute und „heruntergeschluckte" Ärger und sonstige emotionelle Druck sich zu Hause entlädt und Luft macht ..., ist schon öfter als eine eigentümliche Belastung des Familienlebens in der modernen Gesellschaftsverfassung hervorgehoben worden ... Dieses Hineintragen der in ihrem Ursprung familienfremden Spannungen in die Familie hat sicherlich in vielen Fällen zur Verschärfung unglücklicher Ehe- und Familienverhältnisse geführt; andererseits lag gerade darin, sofern es der Frau gelang, in ihrer Häuslichkeit eine mitfühlende, auflockernde und menschlich warme Atmosphäre gegenüber der affektsperrenden Sachlichkeit und kalten Disziplin des modernen Berufslebens zu schaffen, eine besondere Chance, den Zusammenhalt und die Bindung der Familienangehörigen zueinander zu verstärken.“ ◀

(H. Schelsky, Das Auseinanderfallen von Öffentlichkeit und Imtimsphäre, aus: H.P. Dreitzel (Hrsg.), Sozialer Wandel, Luchterhand, Neuwied, 1967, S. 411–412)

Aspekt „Soziale Rollen“:

▶ „In der Gesellschaft bewegt sich der einzelne nur im Rahmen einer Rolle, die er zu spielen hat, und die Rolle läßt sich nicht in pure Selbsttätigkeit auflösen. Sie stellt Forderungen an mich, im öffentlichen Leben genau so wie im privaten, weil sie zu dem funktionellen Zusammenhang des sozialen Ganzen gehört, in das ich hineingeboren und in dem ich tätig bin . . . Existenz in einer Rolle ist offenbar die Weise, in welcher Menschen überhaupt in einem dauerhaften Kontakt miteinander leben können.“ ◀

(H. Plessner, Diesseits der Utopie, suhrkamp taschenbuch 148, Frankfurt, 1974, S. 20)

▶ „Jede Gruppe fordert eine mehr oder weniger radikale innere Transformation von den Personen, aus denen sie besteht. Man betrachte die Metamorphosen eines einzelnen Menschen an einem einzigen Tage beim Übergang von einem zum nächsten Modus der Sozialität – Familienvater, Funktionär in der Organisation, Freund. Dies sind nicht einfach verschiedene Rollen. Jeder Modus . . . bietet unterschiedliche Möglichkeiten und Zwänge . . ., verschiedene Sortimente von Rechten und Pflichten.“ ◀

(R.D. Laing, Phänomenologie der Erfahrung, edition suhrkamp 314, Frankfurt, 1969, S. 88–89)

Aspekt „Hausfrauen“:

▶ „Die konservative Ideologie zielt auf die unveränderte Bewahrung der Hausfrauenrolle, die radikale Ideologie auf deren Beseitigung. Wie immer die mit diesen und anderen Ideologien verbundenen Mutmaßungen über die Wirklichkeit der Hausfrauenrolle lauten, klar ist in jedem Fall, daß Hausarbeit verrichtet werden muß. In keiner Gesellschaft, in keiner Epoche kommt man ohne sie aus.“ „Verzichtglaube, Klageneigung und das Gefühl der Überstrapazierung sind negatives Gemeingut einer großen Zahl von Frauen und kennzeichnen nicht allein die Frauen ohne Erwerbsarbeit . . . Zu diesen Nachteilen (der Hausfrauenarbeit) gehört . . .: . . . Abhängigkeit der eigenen sozialen Sicherung vom Mann, . . . Gefühl, im Schatten des Mannes zu stehen, . . . Fehlen einer realistischen Zukunftsperspektive, . . . Zweifel an der Vernunft (Anm.: gemeint wohl Vernünftigkeit sive Sinnhaftigkeit) ihrer Daseinsform.“ ◀

(H. Pross, Die Wirklichkeit der Hausfrau, rororo 6989, Reinbek, 1976, S. 22 u. 250ff.)

Aspekt „Spielen“:

► „Spielen mit etwas, das mit dem Spieler spielt, fordert ebenfalls ein Sich-verpflichten, wie das Spielen mit einem lebenden Mitspieler. Es gibt also keine eigentlichen Spielformen ohne Illusion und ohne ein Schema von akzeptierten Selbstverpflichtungen.“ „Jeder spielende Mensch zeigt jugendliche Merkmale, und der gealterte, müde, kranke, schwermütige oder gelangweilte, auch der sorgende und arbeitende Mensch hat Sehnsucht nach dem „Paradies“ des jugendlichen Lebensdrangs, der Spontaneität, Spannkraft, Vitalität und ein Verlangen, Möglichkeiten zu verwirklichen, Grenzen zu überschreiten, das Risiko des Abenteuers auf sich zu nehmen, das Glück zu versuchen – kurz: die Freude des Spielens zu genießen, das Glück des Gelingens.“ ◄

(F. J. J. Buytendijk, Das menschliche Spielen, in: H.–G. Gadamer u. P. Vogler (Hrsg.), Kulturanthropologie, dtv Wissenschaftliche Reihe 4072, München, 1973, S. 107 u. 111)

6. *„Individuelle Struktur“:*[1]

Aspekt „Evolution“:

► „Die vormenschliche Evolution . . . hat den Typus des geschichtlich lebenden Jetztmenschen seit Jahrtausenden schon geformt.“ ◄

(A. Portmann, Entläßt die Natur den Menschen?, Piper, München, 1970, S. 209)

Aspekt „Weltoffenheit“:

► „Diese Unsicherheit ist nicht ein Mangel, ist doch ihr Anlaß eine ungeheure Eigenständigkeit . . . Diese Unsicherheit fordert von uns das Wissen um Verantwortung, das Wissen darum, daß Führung des Daseins eine nie endende Aufgabe ist.“ ◄

(A. Portmann, a. a. O., S. 209)

► „Der Mensch hat die „Welt“, hat eine offene Sphäre von Sachen um sich, er ist „weltoffen“; auch sich selbst kann der Mensch vergegenständlichen, er hat Selbstbewußtsein, und dieses Sich-selbst-Vergegenständlichen, Distanz-zu-sich-Nehmen, dieses Sich-Verfremden und Neben-sich-Stellen macht ihn schließlich auch fähig, zu sich selbst und zu den Lebenserscheinungen in ihm nein zu sagen, seine eigenen Antriebe und Strebungen zu hemmen . . . Er ist ein „Nein-Sager“ zum Leben in sich selbst, wenigstens der Möglichkeit nach, und fähig, sich prinzipiell asketisch zu verhalten, die Triebimpulse in sich unterdrückend oder doch regulierend.“ ◄

(A. Gehlen, Zur Geschichte der Anthropologie, in: ders., Anthropologische Forschwung, rde 138, Reinbek, 1961, S. 15)[1]

[1] vgl. dazu Skizze Ib, S. 25

Aspekt „Anlagen und Einwirkungen":

► „Die Gene bestimmen im übrigen nur die Reaktion des Organismus gegenüber seiner Umwelt, und jedes Merkmal ist grundsätzlich veränderlich und steuerbar. Menschliche Entwicklung bedeutet das Zusammenwirken des genetisch Gegebenen mit dem zivilisatorisch Einwirkenden, sei es Fortschritt oder Regression." ◄

(P. Vogler, Disziplinärer Methodenkontext und Menschenbild, in: H.-G. Gadamer u. P. Vogler (Hrsg.), Biologische Anthropologie, Erster Teil, dtv Wissenschaftliche Reihe 4069, München, 1972, S. 12)[2]

► „Menschliche Gene regen die Entwicklung der Kultur an und die Entwicklung der Kultur regt genetische Wandlungen an, die die weitere Entwicklung der Kultur erleichtern." ◄

(Th. Dobzhansky, Vererbung und Menschenbild, Nymphenburger Verlagshandlung, München, 1966, S. 166)

Aspekt „Triebe":

► „Die Kräfte, die wir hinter den Bedürfnisspannungen des Es annehmen, heißen wir Triebe. Sie repräsentieren die körperlichen Anforderungen an das Seelenleben ... Nach langem Zögern und Schwanken haben wir uns entschlossen, nur zwei Grundtriebe anzunehmen, den Eros und den Destruktionstrieb." ◄

(S. Freud, Abriß der Psychoanalyse, Fischer Bücherei 47, 1953, S. 10–11)[3]

► „Der Trieb ... wirkt nie wie eine momentane Stoßkraft, sondern immer wie eine konstante Kraft. Da er nicht von außen, sondern vom Körperinnern her angreift, kann auch keine Flucht gegen ihn nützen." ◄

(S. Freud, Gesammelte Werke, Band X, in: H. Thomae (Hrsg.), Die Motivation menschlichen Handelns, Neue Wissenschaftliche Bibliothek 4, Kiepenheuer & Witsch, Köln, 1970, 6. Aufl., S. 109)

► „In populärer Sprache werden ... als „triebhaft" diejenigen Handlungen bezeichnet, die in einer auffallenden Weise enthemmt ablaufen

[2] Gerade seit der Entschlüsselung des Aufbaus der Desoxyribonukleinsäure (DNS) durch J.D. Watson ist dies immer deutlicher geworden. Und seit der Entdeckung eines Enzyms, das die Molekülketten der DNS im Zellkern von Bakterien spaltet, durch A.C. Chang und St.N. Cohen vom California Medical Center ist darüberhinaus erwiesen, daß zweierlei möglich ist und schon bald innerhalb der Zellkerne von Menschen versucht werden könnte: die Übertragung von Genen und die (gezielte) Beeinflussung der Erbmasse. Das aber hieße: Es könnte gelingen, Erbgut so zu strukturieren bzw. so zu dirigieren, daß – positiv wie negativ – Menschen qualitativ verändert werden. (Man denke an A. Huxleys Buch „Brave new world" oder an den Appell von elf US-Wissenschaftlern in „Science" (1974), in dem vor solchen Möglichkeiten gewarnt wird.)

[3] vgl. dazu: Fall 3 („Vater wird aggressiv", S. 65ff.).

. . . Der Ausdruck „triebhaft" meint . . . die ausbrechende Befriedigung von physischen Minimumbedürfnissen, die bis zur Grenze der Erträglichkeit versagt sind. Unter normalen Umständen „treibt" es aber den Menschen über diese unteren Existenzgrenzen hinaus . . . Man könnte geradezu von einem Bedürfnis nach Bedürfnissen reden, die über die Existenzminima hinausgehen . . . So haben wir wieder die obenerwähnte Tatsache erreicht, daß hochbedingte und abgeleitete Verhaltensweisen eine sehr starke Antriebsbesetzung erfahren können." ◀

(A. Gehlen, Der Mensch. Seine Natur und seine Stellung in der Welt. 10. Aufl., unveränd. Nachdruck der 8. Aufl., S. 331; Frankfurt 1974. © Akademische Verlagsges. Athenaion, Wiesbaden)

Aspekt „Über-Ich":

▶ „So wird das Über-Ich des Kindes eigentlich nicht nach dem Vorbild der Eltern, sondern des elterlichen Über-Ichs aufgebaut; es erfüllt sich mit dem gleichen Inhalt, es wird zum Träger der Tradition, all der zeitbeständigen Wertungen, die sich auf diesem Wege über Generationen fortgepflanzt haben . . . Die Menschheit lebt nie ganz in der Gegenwart, in den Ideologien des Über-Ichs lebt die Vergangenheit, die Tradition der Rasse und des Volkes fort, die den Einflüssen der Gegenwart, neuen Veränderungen, nur langsam weicht." ◀

(S. Freud, Neue Folge der Vorlesungen zur Einführung in die Psychoanalyse, Ges. Werke XV, S. 73, zit. nach: E. H. Erikson, Jugend und Krise, Klett, Stuttgart, 1970, S. 218)

Aspekt „Internalisierung":

▶ „Der ontogenetische Prozeß, der das zustande bringt, ist die Sozialisation, die damit als die grundlegende und allseitige Einführung des Individuums in die objektive Welt einer Gesellschaft oder eines Teiles einer Gesellschaft bezeichnet werden kann. Die primäre Sozialisation ist die erste Phase, durch die der Mensch in seiner Kindheit zum Mitglied der Gesellschaft wird. Sekundäre Sozialisation ist jeder spätere Vorgang, der eine bereits sozialisierte Person in neue Abschnitte der objektiven Welt ihrer Gesellschaft einweist." ◀

(P. L. Berger u. Th. Luckmann, Die gesellschaftliche Konstruktion der Wirklichkeit. S. Fischer, Frankfurt, 1970, S. 140–141)

Aspekt „Ich-Bildung/Identitäts-Findung":

▶ „Als Niederschlag der langen Kindheitsepoche . . . bildet sich in seinem Ich eine besondere Instanz heraus, in der sich der elterliche Einfluß fortsetzt. Sie hat den Namen des Über-Ichs erhalten . . . Es und Über-Ich [zeigen] bei all ihrer fundamentalen Verschiedenheit die eine Übereinstimmung . . ., daß sie die Einflüsse der Vergangenheit repräsentieren, das Es den der ererbten, das Über-Ich im wesentlichen den der von anderen übernommenen, während das Ich hauptsächlich durch das selbst Erlebte . . . bestimmt wird." ◀

(S. Freud, Abriß der Psychoanalyse, Fischer Bücherei 47, Frankfurt, 1953, S. 8 u. 9)

► „Diese Schwierigkeiten bei der Identitätsfindung verschärfen sich für den jugendlichen Schüler, weil ihm – nach seinem Verständnis – bestimmte Privilegien der Erwachsenenwelt im Vergleich zu den gleichaltrigen Lehrlingen vorenthalten werden (z. B. Teilhabe an der Berufswelt, begrenzte finanzielle Autonomie). Für die Schüler wird trotz der erreichten physischen und sexuellen Reife die soziale Reife aufgeschoben. Die Tatsache, daß der bislang erworbenen kindlichen Identität der Boden entzogen wird und gleichzeitig eine neue Identität als Erwachsener dem Schüler verweigert wird, erzeugt latente Angst, Spannungen, Selbstzweifel und das Bedürfnis nach Erprobung eines neuen Selbst.“ ◄

(Bökenkamp, Olbrich, Riechers, Ziehe, „Bereich Sozialerfahrung“ (Kursmodell), in: handreichungen für den sekundarbereich II, gesellschaftswissenschaftliches aufgabenfeld B, des Niedersächsischen Kultusministeriums, Hannover, Nov. 1975, S. 67, Spalte 2)

Aspekt „Gewöhnung“:

► „Meine Ausbildung im Büro hatte mir die Gewohnheit hinterlassen, jeden Tag irgend etwas regelmäßig zu tun, als eine Grundbedingung des Fleißes im Gegensatz zur Faulheit. Ich wußte, daß ich nicht vorankommen würde, wenn ich es nicht so machte und daß ich niemals auf irgend eine andere Weise ein Buch zustande bringen würde.“ ◄

(G. B. Shaw, zit. nach: E. H. Erikson, Jugend und Krise, Klett, Stuttgart, 1970, S. 147)

► „Damit der Mensch überhaupt Mensch sein kann, muß er verschiedene Verrichtungen automatisch ausführen. Diese Verrichtungen sind um so vollkommener und dienen dem Menschen um so besser, je mehr sie automatisiert sind.“ ◄

(K. Kosik, Dialektik des Konkreten, Theorie 2, Suhrkamp, Frankfurt, 1970, S. 81)

Aspekt „Interessen“:

► „Mit dem Umfang der Interessen hängt ihre Verteilung zusammen. Bei manchen Menschen ist das Interesse auf einen einzigen Gegenstand oder ein engbegrenztes Gebiet konzentriert. Das führt zu einer einseitigen Entwicklung der Persönlichkeit und ist gleichzeitig auch deren Ergebnis.“ „Die Stärke des Interesses ist oft, wenn auch nicht notwendigerweise, mit seiner Beharrlichkeit verbunden . . . So besteht die erste Voraussetzung für das Vorhandensein stetiger Interessen darin, daß die Persönlichkeit einen Grundkern, eine „Generallinie“ für ihr Leben hat. Fehlt diese, so gibt es auch keine stetigen Interessen.“ ◄

(S. Rubinstein, Grundlagen der Allgemeinen Psychologie, in: H. Thomae (Hrsg.), die Motivation menschlichen Handelns, NWB 4, Kiepenheuer & Witsch, Köln, 1970, S. 139 u. 141)

Aspekt „Motivation“:

► „Der allgemeinste, auf diesen Aspekt der Motivierung anzuwendende Begriff ist vielleicht der Begriff der „Befriedigung“. Man ist interessiert an Dingen und Verhaltensweisen, die Befriedigung verschaffen. Zu deren wichtigsten Komponenten gehört zweifellos die „Selbstachtung" ... Eng verbunden mit der Selbstachtung und in einem gewissen Sinne ihr Komplement ist ein zweites Element, das man ... als „Anerkennung" bezeichnen kann ... Das dritte Element, von dem die Befriedigung des Individuums abhängt ..., ist die Tatsache, daß man an bestimmten Tätigkeiten oder Beziehungen deswegen interessiert ist, weil man „damit etwas erreichen kann"." ◀

(T. Parsons, Soziologische Theorie, Soziologische Texte 15, Luchterhand, Neuwied, 1968, 2. Aufl., S. 146)

▶ „In unzähligen Situationen während des ganzen Lebens wird das Verhalten eines Menschen bestimmt durch sein Anspruchsniveau ... Die realistische Kontrolle des eigenen Anspruchsniveaus, wie es sich im Setzen eines Zieles ausdrückt, stellt sicherlich eine wichtige Funktion des Ich dar. Eine große Anzahl von Faktoren wie Vorhersicht, Frustrationstoleranz, Aufschub von Befriedigung, Lernen, Selbstachtung und unzählige andere Aspekte der Ichfunktion beeinflussen zweifellos das Anspruchsniveau eines Individuums." ◀

(A. Davids and A. A. White, Wirkungen zum Erfolg, Mißerfolg und sozialer Anregung auf das Anspruchsniveau bei emotional gestörten und bei normalen Kindern, in: H. Thomae (Hrsg.), Die Motivation menschlichen Handelns, a. a. O., S. 251)

Aspekt „Arbeit":

▶ „Keine Technik der Lebensführung bindet den einzelnen so fest an die Realität als die Betonung der Arbeit, die ihn wenigstens in ein Stück der Realität, in die menschliche Gemeinschaft sicher einfügt. Die Möglichkeit, ein starkes Ausmaß libidinöser Komponenten, narzißtische, aggressive und selbst erotische, auf die Berufsarbeit und auf die mit ihr verknüpften menschlichen Beziehungen zu verschieben, leiht ihr einen Wert, der hinter ihrer Unerläßlichkeit zur Behauptung und Rechtfertigung der Existenz in der Gesellschaft nicht zurücksteht. Besondere Befriedigung vermittelt die Berufstätigkeit, wenn sie eine frei gewählte ist, also bestehende Neigungen, fortgeführte oder konstitutionell verstärkte Triebregungen durch Sublimierung nutzbar zu machen gestattet. Und dennoch wird die Arbeit als Weg zum Glück von den Menschen wenig geschätzt. Man drängt sich nicht zu ihr wie zu anderen Möglichkeiten der Befriedigung. Die große Anzahl der Menschen arbeitet nur notgedrungen, und aus dieser natürlichen Arbeitsscheu der Menschen leiten sich die schwierigsten sozialen Probleme ab." ◀

(S. Freud, Das Unbehagen in der Kultur, in: Fischer Bücherei 47, Frankfurt, 1953, S. 110–111 Anm. 1)

Aspekt „Erwerbszwänge":

▶ „In der frühesten Lebenserfahrung ist der Erwerb beschränkt auf symbiotische Beziehungen zur Mutter ... Beim Menschen ... kann der

Erwerb von Eigentum in der Form von Nahrung, Kleidung, Land, Geld und sogar von Personen in seiner psychologischen Bedeutung und Nutzen als physiologischer Überlebensmechanismus weit übersteigen ... So zeigt beispielsweise eine vergleichende Untersuchung von Triebverbrechern, Sexualverbrechern und solcher Kriminellen, die Eigentumsdelikte begangen haben, daß das Erwerbsverhalten eine Art Ersatzhandlung sein kann für eine große Vielzahl psychologischer Bedürfnisse, die oft in keiner Beziehung zu dem tatsächlichen Wert des erworbenen Objektes stehen. Sexuelle, aggressive und andere Motive sind reichlich vorhanden." ◀

(L. Z. Freedman and A. Roe, Evolution und menschliches Verhalten, in: A. Roe u. G. G. Simpson, Evolution und Verhalten, Suhrkamp, Frankfurt, 1969, S. 206)

Aspekt „Abwehrmechanismen":

▶ „Als „Abwehrmechanismen" beschreibt die Psychoanalyse eine Anzahl von Wegen zur Selbstentfremdung des Menschen – beispielsweise Verdrängung, Verleugnung, Isolierung, Projektion, Introjektion ... Abwehrmechanismen sind Aktionen der Person gegen die eigene Erfahrung ... „Diese „Abwehr" ist Aktion gegen das eigene Selbst. Aber „Abwehr" ist nicht nur intrapersonal, sie ist transpersonal. Ich agiere nicht nur gegen mich selbst, ich kann auch gegen dich agieren. Und du agierst nicht nur gegen dich, du agierst auch gegen mich – in jedem Fall gegen Erfahrung." ◀

(R. D. Laing, Phänomenologie der Erfahrung, edition suhrkamp 314, Frankfurt, 1969, S. 28 u. 29)

Aspekt „Wiederholungszwang":

▶ „Wir alle kennen gelegentlich das Bedürfnis, über ein unangenehmes Ereignis (eine Beleidigung, einen Streit, eine Operation) unaufhörlich zu reden, wo man doch eigentlich erwarten dürfte, daß solch ein Ereignis lieber vergessen würde ... Freud kam zu dem Schluß, daß das Individuum in all diesen Fällen unbewußte Variationen eines ursprünglichen Themas arrangiert, eines Themas, das es weder zu überwinden, noch seinem Leben einzuordnen gelernt hat." ◀

(E. H. Erikson, Kindheit und Gesellschaft, Klett, Stuttgart, 1968, 3. Aufl., S. 211)

7. „Anthropologische Struktur":

Aspekt „Sehwahrnehmung":

▶ „Das wichtigste Resultat der höchst verwickelten Kooperation der Tast- und Sehwahrnehmung ist zunächst dies, daß die Sehwahrnehmung – und beim Menschen allein – die Erfahrungen der Tastwahrnehmung mit übernimmt. Die entscheidende Folge ist die doppelte: unsere Hand wird von Erfahrungsleistungen entlastet, also frei zu eigentlichen Arbeitsleistungen ... Und die gesamte Kontrolle der Welt und unserer Handlungen wird in erster Linie von der Sehwahrnehmung übernommen oder abgelöst.“ ◀

(A. Gehlen, Der Mensch. Seine Natur und seine Stellung in der Welt. 10. Aufl., unverändert. Nachdruck der 8. Aufl., S. 188; Frankfurt 1974. © Akademische Verlagsges. Athenaion, Wiesbaden)

Aspekt „Sondernatur des Menschen“:

▶ „Der Mensch ist das einzige, dauernd auf zwei Beinen aufrecht stehende und gehende Lebewesen, das diese artgemäße Haltung erst lange Zeit nach der Geburt selbst ausbilden muß.“ „Der scharfe Knick zwischen dem Kreuzbein (Sacrum) und dem Lendenabschnitt der Wirbelsäule – Promontorium – existiert nur beim Menschen.“ [Die] Form [des Brustkorbs] ist beim Menschen durch den aufrechten Gang bestimmt und deshalb einmalig.“ ◀

(K. Goerttler, Morphologische Sonderstellung des Menschen im Reich der Lebensformen auf der Erde, in: H.-G. Gadamer u. P. Vogler (Hrsg.), Biologische Anthropologie, Bd. II, dtv Wissenschaftliche Reihe 4070, München, 1972, S. 217, 218, 223)

▶ „Alle höheren Säuger sind durch lange Tragzeiten charakterisiert, deren Dauer in klarer Beziehung zu der Organisationshöhe des Zentralnervensystems steht. Nach dem im Erbgut der Art festgelegten Werdeplan formt sich im Mutterkörper, im Uterus der ganze Bewegungsapparat, die artgemäße Körperhaltung wie die typische Instinktorganisation, alles abgestimmt auf die für jede Art ebenfalls erblich zugeordnete Umwelt ... Vergleichen wir nun die Entwicklungsweise des Menschen mit den eben hervorgehobenen wichtigsten Zügen der Ontogenese höherer Säuger. Da fällt als bedeutendster Gegensatz auf, daß der neugeborene Mensch weder in Bewegungsart noch in der Körperhaltung oder in seiner Kommunikationsweise den artgemäßen Typus der Reifeform erreicht hat. Statt bis zu dieser Ausbildungsstufe im Mutterschoße heranzureifen, ..., wird das kleine Menschenwesen auf einer viel früheren Stufe bereits aus dem Mutterleibe entlassen und „zur Welt gebracht“. Ein solcher Entwicklungsgang gleicht zunächst für den oberflächlichen Blick der primitiven Säugerstufe der Nesthocker ... Die Zeit, die der Mensch, als echtes Säugetier aufgefaßt, noch im Mutterleibe verbringen müßte, um eine wirkliche Nestflüchterausbildung zu erhalten, ... nennen [wir] die „extra-uterine Frühzeit“.“ ◀

(A. Portmann, Zoologie und das neue Bild des Menschen, rde 20, Reinbek, 1956, S. 68–69)

Aspekt „Bedürfnisverschiebung“:

▶ „Der Mensch aber schafft durch die Befriedigung des primären Bedürfnisses ein zweites, sekundäres, eine Bedürfnisverschiebung, die ihm Arbeit, Bearbeitung aufzwingt ... Tiere bleiben im Zyklus von Drang und Erfüllung auf gleichem Niveau. Der Mensch dagegen hebt sich trotz gleicher Grunddynamik vom Boden ab in ein anderes, höheres Niveau von ausgesprochener Instabilität mit künstlich geschaffenen Mitteln." ◀

(H. Plessner, Conditio humana, in: G. Mann u. A. Heuß (Hrsg.), Propyläen-Weltgeschichte 1. Bd. (Vorgeschichte und frühe Hochkulturen), Berlin-Frankfurt-Wien, 1961, S. 69)

Aspekt „Freiheit":

▶ „Ein Mensch kann von einem übermächtigen Drang, wie panischer Angst, Jähzorn, unüberwindlicher Müdigkeit, zu einem biologisch bestimmten Verhalten gezwungen werden. Solange das aber nicht der Fall ist, vermag er nachzudenken und verschiedene Möglichkeiten zu erwägen; schließlich wird sein Handeln vom Ergebnis seiner Überlegungen bestimmt. Den Zustand, in dem das möglich ist, erleben wir als den der Entscheidungsfreiheit. Da unser Handeln dann von den Ergebnissen unseres Nachdenkens bestimmt wird, ist dieses Handeln so frei wie unser Nachdenken ... Wir fühlen uns nun zwar völlig entscheidungsfrei, wenn wir nach den Ergebnissen unseres Nachdenkens handeln. Bei anderen aber erkennen wir nicht nur in den von Leidenschaften, sondern auch in den von Überlegungen gelenkten Entscheidungen viel Unfreiheit, und wir müssen fragen: Wie frei ist eigentlich das Nachdenken?" ◀

(B. Hassenstein, Das spezifisch Menschliche nach den Resultaten der Verhaltensforschung, in: H.-G. Gadamer u. P. Vogler (Hrsg.), Biologische Anthropologie, Zweiter Teil, dtv Wissenschaftliche Reihe 4070, München, 1972, S. 81–82)

Aspekt „Sexualität":

▶ „Von dem in seiner Auslösung, seinem Ablauf und seinem Gattungszweck instinktgesicherten Sexualverhalten der Tiere ... unterscheidet sich die biologische Situation der menschlichen Geschlechtlichkeit in zwei wesentlichen Merkmalen, die zugleich die Grundlage ihrer sozialen Formung ausmachen: in einer weitgehenden Instinktreduktion, die mit der Bildung eines sexuellen Antriebsüberschusses Hand in Hand geht, und in der Ablösbarkeit des sinnlichen Lustgefühls vom biologischen Gattungszweck, womit die Lust als ein neuer Zweck des Sexualverhaltens unmittelbar intendierbar wird ... Dieser Erhöhung der sexuellen Triebenergien steht nun auf der anderen Seite ein Abbau der organischen Kontrollen und Sicherungen dieses Verhaltens im Sinne biologischer Zweckmäßigkeit gegenüber ... In dieser biologischen Gefährdung des menschlichen Trieblebens liegt nun aber zugleich seine kulturelle Chance: indem der Mensch dem Zwang der Umweltgebundenheit und der Instinktstarre entronnen ist, kann und muß er über seine Antriebe in bewußten Handlungen verfügen ... Die kulturelle Überformung der sexuellen Antriebe gehört sicherlich zu den ursprünglichen Kulturleistungen und Existenzerfordernissen des Menschen wie Werkzeug und Sprache." ◀

(H. Schelsky, Soziologie der Sexualität, rde 2, Reinbek, 1955, S. 11–12)

Aspekt „Liebe, Ehe“:

► „Forscht man aber nach, wer wen heiratet, so zeigt sich, daß Cupidos glitzernder Pfeil sein Ziel in ballistisch wohl berechneten Bahnen von Klasse, Rasse, Einkommen, Erziehung und Konfession ansteuert ... Und der Argwohn regt sich, daß es oft nicht so sehr die Liebe sei, die eine gewisse menschliche Beziehung stiftet, sondern gewisse Beziehungen – genau festgelegte, oft sorgfältig geplante – stiften offenbar umgekehrt die Liebe. Mit anderen Worten: Wenn gewisse Umstände vorhanden sind oder hergestellt werden, gestatten wir uns den Luxus der Liebe.“ ◄

(P. L. Berger, Einladung zur Soziologie, List Taschenbücher 372/3, München, 1971, S. 45)

8. „Räumliche Struktur“:

Aspekt „Klima“:

► „Das Verhältnis des Menschen zum Klima seiner Umwelt ist im wesentlichen passiv. Er muß ... versuchen, seine Vorzüge optimal auszunützen. Dazu gehört eine differenzierte Anpassung an die klimatischen Gegebenheiten in den Lebensgewohnheiten, im Wirtschaften, Wohnen, im Lebensunterhalt, im Verkehr ... Das Stadtklima ... zeichnet sich durch erhöhten Wärmegenuß, durch vermehrte Pollution in der Dunsthaube, durch chemische Beimengungen – vor allem CO, CO_2 und SO_2 – und durch Verringerung der Sicht und der direkten Sonneneinstrahlungsintensität aus.“ ◄

(J. Blüthgen, Allgemeine Klimageographie, W. de Gryter, Berlin, 1966, 2. Aufl., S. 578 u. 579)

Aspekt „Ausverkauf der Landschaft“:

► „Erst seit Beginn dieses Jahrhunderts hat der „Ausverkauf“ der Landschaft, ausgelöst durch Bevölkerungswachstum, Industrialisierung, Verstädterung, Verkehrserschließung und die Anlage von Verteidigungsanlagen, von Jahrzehnt zu Jahrzehnt im Tempo zunehmend eingesetzt. Allerdings nehmen Grund und Boden für den Menschen eine Schlüsselstellung unter den lebensnotwendigen Dingen ein; sie sind unabdingbare Voraussetzung jeder menschlichen Existenz. Der Boden aber ist eine gegebene Größe, er ist nicht beliebig vermehrbar.“ ◄

(D. Richter, Raumordnung – Strukturprobleme und Planungsaufgaben, westermann-colleg Raum + Gesellschaft Heft 9, Braunschweig, 1977, S. 10)

Aspekt „Großstädte“:

► „Während noch um 1870 ca. 60 v. H. der deutschen Bevölkerung in ländlichen Gemeinden (unter 2000 Einwohner) lebten, leben heute ca. 75 v. H. in Städten, davon ca. 30 v. H. in Großstädten.“ „Von entscheidender Bedeutung für die räumliche Gliederung der Großstadt war die weitgehende Trennung von Arbeitsplatz und Wohnung . . . Großstadttypisch ist ferner die Vorortbildung außerhalb des Weichbildes der Stadt." „Der Verkehr – eines der typischen Kennzeichen großstädtischen Lebens – ist in den letzten Jahren . . . zum größten „Sorgenkind" moderner Großstadtplanung geworden." „Der Anteil der Erwerbstätigen in tertiären Berufsgruppen der Bundesrepublik Deutschland (beträgt) heute bereits ca. 33% . . . Die Zahl der tertiären Arbeitsplätze (öffentliche Dienste und Dienstleistungen, Dienstleistungen in Handel, Verkehr, Banken, Versicherungen) steigt in den Großstädten stetig an . . . Typisch für die Arbeitsumwelt des Großstädters ist das Vorhandensein einer Vielzahl von Großbetrieben . . . Neben die industriellen Großbetriebe ist in den letzten Jahrzehnten eine zunehmende Ausdehnung von Großorganisationen und Bürokratien der verschiedensten Art getreten." ◀

(K.M. Bolte (Hrsg.), Deutsche Gesellschaft im Wandel, Bd. 1, Leske, Opladen, 1967, 2. Aufl., S. 179, 183, 184 u. 185)

9. „Naturgegebene Struktur":

Aspekt „Planeten als Lebensträger":

▶ „Planeten . . . kommen als Lebensträger nur dann in Betracht, wenn sie von der Sonne weder einen zu geringen noch einen zu großen Abstand haben . . . Die Voraussetzung der günstigen Temperatur ist aber nicht die einzige, die gegeben sein muß, damit Leben entstehen [Anm.: und erhalten werden] kann. Es muß zweitens genügend Wasser vorhanden sein, weil es keinen Lebensvorgang gibt, der völlig auf Wasser verzichten könnte. Drittens müssen sich gewisse hochwertige chemische Verbindungen bilden können, wie wir sie im allgemeinen als Eiweiß bezeichnen. Schließlich ist es unerläßlich, daß der Ort, an dem Leben entstehen [Anm.: s.o.] soll, abgeschirmt wird gegen die tödlich wirkende . . . kosmische Strahlung . . ." ◀

(R. Kühn, Astronomie populär, dtv 189, München, 1964, S. 159)

Aspekt „DNS und Evolution":

▶ „Auf der biologischen Seite ist der Mensch eine der zwei Millionen oder mehr Arten, die jetzt auf der Erde leben. Er ist ein Primat, ein Säugetier, ein Wirbeltier, ein sich sexuell fortpflanzendes vielzelliges Tier . . . Die biologische Natur des Menschen beruht auf demselben wunderbaren Stoff der Desoxyribonucleinsäure, DNS, wie die Natur einer Maus, einer Fliege, einer Maispflanze oder einer Mikrobe . . . Biologisch wie philosophisch betrachtet ist der Mensch ein höchst einzigartiges Erzeugnis des evolutiven Prozesses. Er überträgt nicht eine, sondern zwei Erblichkeiten, die biologische und die kulturelle." ◀

(Th. Dobzhansky, Vererbung und Menschenbild, Nymphenburger Verlagshandlung, München, 1966, S. 160 u. 161)

► „Die Idee, die Erbmasse gewünschter Menschentypen in der Retorte zu komponieren, ist Utopie. Da die entscheidenden Basenbrücken der DNS aus Guanin, Thymin, Zytosin und Adenin sicher in Millionenzahl in der Erbmasse vorhanden sind, ist die Wahrscheinlichkeit, bei der Anordnung der Basen einen Menschen bestimmter Eignung zu schaffen, praktisch gleich Null.“ ◄

(A. Remane, Die Bedeutung der Evolutionslehre für die allgemeine Anthropologie, in: H.-G. Gadamer u. P. Vogler (Hrsg.), Biologische Anthropologie, Erster Teil, dtv Wissenschaftliche Reihe 4069, München, 1972, S. 316)

2. Teil: „Fälle“

2.1 Allgemeines

Die Tatsache, daß es keine ausreichende Definition von „Zwänge“ gibt, braucht nicht zu irritieren. Die in den voranstehenden Abschnitten gelegentlich vorkommenden definitionsähnlichen Umschreibungen sagen zwar u. U. Wesentliches über „Zwänge“ aus, ersetzen jedoch eine Definition nicht. Umgekehrt läßt sich aus den im Folgenden abgehandelten „Fällen“ ebenfalls keine Definition gewinnen. Vielleicht ist das gut so! Denn jede Definition eines strukturell gesehen höchst komplexen Phänomens verengt notwendigerweise das Sachfeld, schließt bestimmte, bisweilen nicht einmal bestimmbare Teilphänomene aus.
Das Bemühen dagegen, sich anhand einiger „Fälle“ konkret mit „Zwängen“ zu beschäftigen, wird erschwert durch die Tatsache, daß „Zwänge“ bildlich gesprochen als „Bündel“ auftreten und nicht ohne weiteres und meist nicht vollständig zu entwirren, d. h. zu analysieren sind. Dies läßt sich als These so fassen:

„Zwänge“ unterliegen „Zwängen“, diese anderen „Zwängen“, diese wiederum „Zwängen“, – mal diesen, mal jenen, nie denselben, meistens anderen, je nach Fall.

Dies trifft insbesondere dann zu, wenn man sich bemüht, scheinbar Selbstverständliches, sogenanntes Leichterklärbares im Hinblick auf „Zwänge“ zu bedenken: Das Alltägliche, vielleicht eine bestimmte Verhaltensweise eines Elternteils oder eine beiläufig registrierte Information aus einer Tageszeitung, impliziert weit mehr an Problemen wie eben an „Zwängen“, als man es gemeinhin anzunehmen geneigt ist. Anders gesagt: Da die meisten Menschen dazu neigen, problematische Sachverhalte möglichst monokausal zu deuten, ist ihnen der Blick auf die Komplexität von „Zwängen“, auf die „Bündel“ bzw. „Ursachen-Ketten“, aus denen „Zwänge“ bestehen oder zu denen sie werden, verstellt. Ebenso überflüssig wie monokausales „Erklären“ ist etwas anderes: das bloße „Feststellen“, daß hier oder da „Zwänge im Spiel sind“, daß dies oder jenes „Zwangscharakter hat“, daß „X eben nicht anders handeln konnte, weil ...“ oder daß „man sich Zwängen nicht entziehen kann“. Solche Redewendungen verharmlosen und verschleiern die Problematik „Zwänge“ wie auch das übergreifende Problem „Zwänge und Freiheit“.

Die von uns ausgewählten „Fälle“ machen durchweg deutlich, *daß* der Mensch „Zwängen“ unterliegt oder sogar ausgeliefert ist, und sie sind von uns z. T. so auf „Zwänge“ hin durchdacht worden, daß erkennbar werden könnte, wie Derartiges ausgehalten oder sogar gemildert bzw. überwunden werden kann. Diese „Fälle" haben mithin folgende Aufgaben:

1. Sie sollen demonstrieren, was mit „Zwänge" konkret gemeint ist.
2. Sie exemplifizieren, auf welche unterschiedlichen Weisen man sich die Problematik „Zwänge" erarbeiten kann.
3. Sie sollen zeigen, daß man anhand dieser oder anderer Beispiele einige, aber durchaus nicht endgültige Klarheit darüber gewinnen kann,
   - was „Zwänge" sind;
   - welche „Zwänge" es gibt;
   - wieviele „Zwänge" auf den Menschen und wieviele auf- und ineinander wirken;
   - wie „Zwänge" sich bemerkbar machen;
   - was man also – vielleicht oder sicher – dagegen tun kann.

Bei allen „Fällen" ist zu beachten:

- In den Texten etc. ist ein Sachverhalt meist so dargestellt, daß ein flüchtiger Leser den Eindruck gewinnen könnte, die Darstellung spreche für sich oder die Deutung lasse nichts offen. Dem ist nicht so.
- Die meisten Texte etc. sind von vornherein auf Deutungen hin angelegt oder implizieren Deutungen.
- Das in den Texten etc. Dargestellte ist alltäglicher, als es mancher Leser annehmen dürfte oder wahrhaben wollte. Zwar wird nicht jeder zum Mörder, nicht jeder entlassen usw., aber – man könnte es selbst sein, der da betroffen worden ist, anders wahrscheinlich, nichtsdestoweniger gravierend.

2.2 „Serviererin Ruth Meier"

Ein Bild der Schuld, das keinem Dichter gelingt

(1) Am Nachmittag des 25. Januar 1966, einem Dienstag, hielt Ruth Meier, Mutter von sieben Kindern, von denen vier bei ihr in Braunschweig lebten, im Reinemachen inne. „Warum putzt du eigentlich die Küche, habe ich mich gefragt. Das soll doch seine alte Schlampe machen, die dann hier hereinkommt." Der Ehemann der Ruth Meier verbüßte zu der Zeit eine Strafe. Die Eheleute waren nicht gut miteinander ausgekommen. Von Scheidung hatte schon jeder einmal im Streit gesprochen. Jetzt aber hatte Ruth Meier einen Brief ihres Mannes aus dem Gefängnis erhalten, den sie dahin verstand, daß er diesmal mit dem Auseinandergehen Ernst machen wollte. Der Brief überraschte sie sehr. Zuerst hatte ihr Mann reuige Briefe aus der Strafanstalt geschrieben, versichert, es werde alles anders werden. Sie hatte die Wohnung tapeziert und gestrichen: „Ich habe mich darauf gefreut, ihm sein Leben auffrischen zu können." Doch nun war da dieser Brief: „Und das hat eben den ganzen Tag in mir rumort."

(2) Sie ging in den Stall hinunter. Der sechsjährige Jörg folgte ihr und fragte: „Mami, was tust du?" Sie suchte das Beil. Sie wollte die Wohnung kurz und klein schlagen . . . Sie zog Jörg an und verließ mit ihm das Haus im Norden Braunschweigs. „An der Gärtnerei kam der große", Detlev, acht Jahre alt. Er war bei einem Freund zum Fernsehen gewesen . . .

(3) Mit Jörg und Detlev fuhr Ruth Meier im Linienomnibus durch Braunschweig. Einmal mußten sie umsteigen. Nach etwa vierzig Minuten Fahrt verließ Ruth Meier mit den beiden Kindern in Rüningen, im Süden der Stadt, den Linienomnibus. Sie schlug mit den Kindern den Weg zur Oker ein. Sie gingen den stark angeschwollenen Fluß entlang. Die letzten 400 Meter stapften die Frau und die Kinder durch fünfzehn Zentimeter hohen Schnee . . . Es ging auf 20 Uhr. Am Wehr stellten sich die Kinder auf das Gitter und schauten in das strudelnde Wasser hinunter. „Es war durch den Schnee nicht so dunkel."

(4) „Es sollte nicht weh tun. Es sollte alles sehr schnell gehn . . . Dann habe ich ihn fallenlassen." Ruth Meier hob zuerst Detlev, den größeren, über das Gitter. Dann Jörg. Am nächsten Morgen gab Ruth Meier wegen Detlev und Jörg eine Vermißtenanzeige auf. Bald regte sich Verdacht gegen sie. Eine Nachbarin hatte Ruth Meier mit den beiden Jungen auf dem Weg zum Linienomnibus gesehen. Am Sonntag, dem 30. Januar, gestand Ruth Meier.

(5) In der Anklagebank weint sie schon vor der Sitzung des Schwurgerichts in Braunschweig. Ihr langes schwarzes Haar ist gewellt. Früher soll sie rundlich gewesen sein. Jetzt ist sie schmal . . . Sie weint, schluchzt, schweigt unvermittelt, wenn sie spricht. Und wenn sie redet, dann huschen ihr die Worte dahin. Sie spricht schnell, drüberhin, drüberweg.

(6) Der Psychiater, der sie untersucht und beobachtet hat, kann ihr keinen Paragraphen gewähren. Doch wie nun in der Verhandlung ihr Leben entwickelt wird, da entsteht aus den Daten und Ereignissen eben diese seltsame, huschende Eile. Sie ist jetzt 38 Jahre alt, aber alt ist sie nicht wie etwas, das gewachsen ist. Sie hat das unbestimmte Alter dessen, was ewig gleitet, getrieben und treibend.

(7) In Brieg wurde sie 1928 unehelich geboren. Die Mutter war Artistin, eine Fahrende, die es nicht hielt bei dem Kind. Bei einer Freundin der Mutter wuchs sie auf. Die heiratete. Sie war das einzige Kind eines Ehepaares, dessen Kind sie nicht war. Sie besucht die Volksschule, wird einmal zurückgestellt, geht aus der vorletzten Klasse ab. Zu Beginn des zweiten Pflichtjahres stiehlt sie eine Uhr. Mit der Uhr wollte sie einer Freundin die Kleiderkarte abkaufen: sich hübsch machen, mehr aus sich machen. Die Pflegemutter klagte: „Kind, wenn das deine Mutter wüßte." Da stieß sie sich von dem dünnen Ufer ab, fuhr nach Berlin, sprach am Alexanderplatz vor. Sie suchte ihre Mutter. Sie suchte den Weg zurück.

(8) Sie fand die Mutter, die inzwischen verheiratet war . . . Sie fand die Mutter, 1944, in Berlin unter Bomben: Ihr bringt es nicht Heimat, sondern neue Verstoßung. Der Stiefvater hat eine Schwäche für sie. Für die Mutter ist sie auch nur eine Frau. Dann ist der Krieg zu Ende. Dann kommen Polen. Sie wird nicht vergewaltigt, kann sich wehren. Doch droben im Haus hört sie die Mutter schreien, die kein Glück hat. „Das ist die Strafe Gottes – als ich die Schreie gehört hab", bricht es aus ihr heraus. Und dann weint sie entsetzt.

(9) Sie stieß sich wieder ab, oder besser, denn sie verließ nichts, was sie je besessen hätte, sie ergab sich dem Treiben. Mit einem Lehrerehepaar zog sie in den Westen, fand Unterschlupf auf einem Hof. Tags mußte sie rackern. Nachts bearbeitete der Bauer sie. „Ich sollte froh sein, daß ich überhaupt ein Zuhause hätt", erinnert sie sich. Aber sie erinnert sich auch: „Es war eben meine erste Liebe."

(10) Diese Tage und Nächte wurden ihr zu schwer. Sie glitt weiter, wieder mit dem Lehrerehepaar . . . In Bremen am Bahnhof lernte sie im Juli 1945 als Schwangere einen Bergmann kennen. „Mir war so hundeelend zumute . . . Ich sollte mit ihm kommen. Mit dem Kind, das machte ihm nichts. Er hätte mal eine Freundin gehabt, die hätte mir ähnlich gesehen." Sie zogen nach Bergkamen, in eine Baracke. Das Kind kam. Der Mann heiratete sie. Es kommen noch zwei Kinder. „Mein erster Mann hat immer gebummelt." Er fuhr ein, kam aber schon nach zwei Stunden wieder raus. Der Mann schlug die Kinder. Der Mann brachte einen Kostgänger ins Haus, einen Kumpel.

(11) Mit dem ließ sie sich ein, der war gut zu den Kindern, hatte Verständnis für sie selbst. Sie setzte sich mit dem Kumpel in die DDR ab. Die ersten drei Kinder ließ sie zurück. Die Fürsorge würde sie holen, da würden sie endlich satt werden. Die Kinder: Das war immer ihr Versuch, mit einem Mann etwas zu gründen, Boden zu fassen, ans Ufer zu kommen. Scheiterte der Versuch; dann glitt sie von der Wrackstelle fort, fort von dem Mann, den Kindern. Noch bevor sie geschieden war, noch bevor der Kumpel sie zu Frau Meier macht, gebiert sie ihm, wagt sie ihren Einsatz für die Familie, die einmal, endlich wachsen soll mit ihr in der Mitte. Sie gebiert Zwillinge, Monika und Barbara. Doch des großen Treibens ist darum kein Ende. Schon den ersten Arbeitslohn versäuft der Mann. „Mein Mann war ja gut. Nur das Trinken." Und als sie dann in den Westen zurückkehren und auch mal eine gute Zeit gehabt haben . . ., da übernimmt sich der Mann. Er macht ein Fuhrunternehmen auf, kauft Lastwagen, Konkurs und Betrug, Schulden in Höhe von 87000 Mark. Da klatscht die Waage herab, in der jetzt neben Monika und Barbara auch noch Detlev und Jürgen sitzen. Sie ist wieder draußen im Strom.

(12) Zwar geht sie arbeiten, als Serviererin in Nachtlokalen, verdient gut, sogar sehr gut. Sie zahlt die Schulden des Mannes herunter bis

auf 30000 Mark. Aber sie fängt auch mit einem anderen Mann etwas an; mit einem großen, ruhigen Kerl, der wie ein pensionierter britischer Kolonialoffizier aussieht. Von Beruf ist er, und sie sucht ja einen Felsen, was also könnte er besser sein, Polizeibeamter. Ihr Mann ging schon länger fremd . . .

(13) Sie wurde getrieben und trieb selber auch, wenn sie bei ihrem Polizisten Zuflucht suchte. Die Kinder, die sie da hätte, seien nicht ihre leiblichen, sagte sie ihm. „Er war der einzige, der sauber war", weint sie jetzt. Hat sie lange geplant, die Kinder zu töten? Wollte sie sich befreien, oder wollte sie ihren Ehemann treffen? . . .

(14) Wie auch immer: Ein Motiv für Ruth Meiers Tat will sich nicht fixieren lassen . . ." Können Sie uns eigentlich nicht noch etwas sagen über das Motiv, weshalb Sie Ihre Kinder dort hineingeworfen haben?" . . . „Ich hab mir immer gedacht, ich muß ihm weh tun . . . Daß ich die ganzen Jahre für ihn gearbeitet habe. Daß ich alles für ihn angeschafft habe. Sie müssen mich doch verstehen. Aber das versteht man ja nicht." Worte, weil alle auf Worten bestehen, auf Worte drängen und allein in Worten eine Antwort sehen können. Es glitt alles in diesem Leben, das über den Grund dahintrieb und endlich in den Sog eines Strudels geriet.

(15) Unter dem Strich steht nur Verzweiflung. Eine Verzweiflung, zu groß, als daß sie einen Krankheitswert haben und Ruth Meier einen mildernden Paragraphen einbringen könnte. Es gibt für Ruth Meier so wenig eine Entschuldigung, wie es für jene eine Entschuldigung gibt, aus deren kläglichem Miteinander dieses Leben besteht. „Das habe ich damals der Kripo gesagt, daß ich mir das Leben nehmen wollt'. Das haben sie mir nicht geglaubt. Da war der Trotz in mir." Kühl der Vorsitzende dagegen: „Ja, nun haben Sie aber die beiden Kinder hineingeworfen. Sie selber haben sich nicht ein bißchen naß gemacht." Verzweifelte Antwort, während das Publikum zischt: „Wenn ich mich getraut hätte, in das Wasser zu springen. Aber dann habe ich mich gegraut. Ich war so allein."

(16) Wo kämen wir hin, wenn jeder, ein bißchen verwirrt, wie Ruth Meier seine Kinder ertränkte? Zweimal lebenslanges Zuchthaus für Ruth Meier. Es ist kein anderes Urteil möglich, es steht keine andere Reaktion auf die Tat der Ruth Meier zur Verfügung. Das allerdings richtet auch die Sozietät, deren Gericht über Ruth Meier den Stab bricht.

(17) Weinend saß sie da. Nein, die Kinder haben sich nicht gefürchtet auf dem nächtlichen Weg durch den Schnee und als das Wasser donnerte. „Die haben nie gedacht, daß Mami sie ins Wasser wirft." Sie ist gerichtet. Gerettet? „Die Kinder töten? Nein, das hätte ich nie getan, ich schwöre Ihnen das. Aber sie haben zu sehr aufgepaßt, sie haben mich nicht gelassen. Ich schwör's Ihnen, daß ich die Kinder geliebt hab'. Ich hätte mich zerfleischen lassen für sie. Ich hätte niemals irgend so etwas tun können, sie blutig schlagen. Ich

hab' sie getötet, aber das brauchte ja niemand wissen . . ."

(18) Sie ging mit den Kindern zum Wehr und sagte: „Ihr braucht keine Angst haben." Es war, als sei eine Verschwörung zwischen ihr und den Kindern. Miteinander wollten sie es dem Leben eintränken. Aber dann waren die Kinder im Wasser, und Ruth Meier erlebte den Augenblick, in dem es zu spät ist für alles; in dem aus etwas, womit einer spielen, drohen mag, und was er noch in Freiheit zu erwägen vermeint – plötzlich etwas Unwiderrufliches geworden ist: eine Tat, die nicht einmal der Selbstmord noch einholen kann.

(19) Sie rannte am Geländer entlang: „Hasen, Hasen. Mami kommt." Und tonlos beschwor sie in Braunschweig ein Bild der Schuld, das keinem Dichter, sondern nur dem in Schuld Verzweifelten gelingt: „Aber das ist gewesen, als ob sie Steine gewesen wären. So schnell waren sie weg."

(G. Mauz, Die Gerechten und die Gerichteten, Ullstein, Frkf.-Berlin, 1968, S. 25–30)

1. Der Fall der Ruth Meier und seine Deutung durch G. Mauz

Titel, erste Sätze und Schlußabsatz belegen, daß nicht nur Realität beschrieben und zitiert, sondern auch gedeutet wird. Der Aufbau des Textes bestätigt diesen Befund:

Absätze 1–4:	Beschreibung insoweit, als Zitate und Aussagen aus der Gerichtsverhandlung aneinandergereiht werden;
Absatz 5:	Hauptmotiv der Deutung: „dann huschen ihr die Worte dahin" – wie ihr ganzes Leben etwas Huschendes hatte;
Absätze 6–12	Beschreibung ihres Lebens, chronologisch, durchzogen mit deutenden Einsprengseln wie „glitt weiter", „immer ihr Versuch, . . . etwas zu gründen", „des großen Treibens ist kein Ende" usw.;
Absätze 13–14:	Deutung, dem Hauptmotiv entsprechend: „Es glitt alles in ihrem Leben."
Absätze 15–19:	Beschreibung, Zitate, Deutung und – scheinbare – Ratlosigkeit des Verfassers.

Mauz ist insofern „ratlos", als er weder erklären kann noch erklären will, warum es zu diesem „Unwiderruflichen", der Tat, hatte kommen können. Wichtiger ist ihm, den Leser aufzurütteln, über ein „Bild der Schuld" nachzusinnen. Er bedient sich dazu ironischer, ja höhnisch-„gesellschafts"kritischer Wendungen wie „Unter dem Strich . . ." und „Es gibt . . . so wenig eine Entschuldigung" (15. Absatz) oder „Wo kämen wir hin . . ." und „Es ist kein anderes Urteil möglich . . ." (16. Absatz). Mauz geht davon aus resp. zielt darauf ab, daß Ruth Meier einem Vorgegebenen unterliegt, daß sie nicht anders handeln konnte, also „im Grunde" nicht schuldig ist, nicht wirklich verantwortlich gehandelt hat:

- Ihr Leben sei ein „huschendes“ gewesen, sie selbst eine Getriebene.
- Ihre Herkunft und Jugendzeit, ihre Individualgeschichte, ihre vergeblichen Versuche, Halt (einen „Felsen“) zu finden, aus dem Auferlegten auszubrechen („etwas zu gründen, Boden zu fassen, ans Ufer zu kommen“), das Auferlegte irgendwie zu bewältigen („ihm sein Leben auffrischen zu können“; „die ganzen Jahre für ihn gearbeitet . . ., . . . alles für ihn angeschafft“) usw. deuten zwar auf manches Wichtige hin, taugten aber nicht recht, um zu erklären, was nicht zu erklären sei.
- Ihre „Erklärungsversuche“ – z. B. dafür, warum sie mit dem Bergmann gegangen sei, warum sie die Kinder hätte töten wollen (auf wiederholtes Fragen antwortet (?) sie vor Gericht: „Ich hab mir immer gedacht, ich muß ihm weh tun.“) – oder auch ihre „Entschuldigungen“ („Mein Mann war ja gut, Nur das Trinken.“ oder: „Ich war so allein.“) seien zwar subjektiv wahre, nichtsdestoweniger aber nichts-sagende.

Mauz deutet vor allem an, daß Ruth Meier ein Leben lang Grenzsituationen ausgesetzt gewesen ist, die sie zermürbt haben. Sie habe „es dem Leben eintränken“ wollen, ihre „Tat“ sei ihre Tat, eine Art Abrechnung mit dem Schicksal, ein Ereignis, das nur sie selbst angegangen sei („Ich hab' sie getötet, aber das brauchte ja niemand zu wissen.“), das die Gesetze und die Gesellschaft nicht angehe.
Mauz legt – auch durch seine Sprache – eine existenzialistische Interpretation des Falles nahe: Ruth Meier – die „leidende Kreatur“, die „schuldlos Schuldige“.

2. Analyse der „Zwänge“

G. Mauz' Text weist an sehr vielen Stellen auf Zwänge hin, denen Ruth Meier unterlag, ausgeliefert war usf. Geht man die Absätze und Sätze durch, so ergeben sich Bündel von Zwängen, die freilich weder vollständig noch im einzelnen darstellbar sind. Der folgenden Bestandsaufnahme von Zwängen sei ein Zitat vorangestellt, das umschreibt, welche Aspekte besonders berücksichtigt werden sollen:

► „Es genügt . . . nicht, einfach die „Psychologie“ auf das Verhalten der Individuen in den jeweiligen „objektiven“ Situationen anzuwenden. Bei der Interpretation der individuellen „Reaktionen“ müssen zumindest zwei weitere Problemkreise berücksichtigt werden: das, was über die „typische“ Charakterstruktur des jeweiligen sozialen Systems und bestimmter Rollen in diesem System bekannt ist; und die Wirkung, die in der betreffenden Gesellschaft gängigen strukturellen Verallgemeinerungen von Zielen und Handlungsrichtungen zukommt.“[1] ◄

[1] T. Parsons, Soziologische Theorie, Soziologische Texte 15, Luchterhand, Neuwied, 1968, 2. Aufl. S. 61–62

In der Reportage von G. Mauz fehlen demnach zwei Dimensionen, die sich – nach Parsons – so umschreiben lassen:

a) eine Untersuchung der Rollen, die für das soziale System, in dem Ruth Meier zu leben hatte, typisch sind; (vgl. S. 43)

b) eine Untersuchung der Normen, die innerhalb des für Ruth Meier relevanten sozialen Systems wirksam waren.[2] (vgl. S. 40ff.)

G. Mauz übergeht die beiden Dimensionen zwar nicht, aber er fixiert sie zu wenig. Ihm ist daraus kein Vorwurf zu machen, denn seine Intentionen innerhalb eines zeilenmäßig beschränkten Rahmens eines Nachrichtenmagazins können nicht umfassendere sein.

Freilich: „Zwänge" in dem hier verstandenen Sinne sind nicht etwa nur Zwänge, die sich aus Rollen und Normen ergeben. In der folgenden Analyse wird zwar dieser Raster verwendet, die Erläuterungen und Fragen zu den einzelnen Rollen und Normen aber weisen auf komplexere Zusammenhänge[3] hin, nämlich auf Ursachenbündel, die sich wie folgt andeuten lassen:

1. Ein – wodurch auch immer vorgegebener – Zwang beruht auf einem anderen Zwang.
2. Ein jeder Zwang bewirkt/verursacht andere Zwänge.
3. Jeder Zwang wirkt auf einen oder mehrere Zwänge zurück.

Die folgenden Fragen und Assoziationen zu den einzelnen Stichworten sollen andeuten, in welcher Weise die mit Rollen und Normen verbundenen Zwänge reflektiert werden können.

a) Zwänge, die sich aus bestimmten Rollen ergeben:

- Das uneheliche Kind: Man hat es ihr oft gesagt, man hat es sie spüren lassen. Wie hat sie früher darauf reagiert? Hat sie jemals jemand in Schutz genommen? Wie hat sie es zu verarbeiten versucht? Wann immer hat sie besonders darunter gelitten? Welche

[2] Es kann im Zusammenhang dieses „Falles" nicht ausführlich auf die Problematik „sozialer Rollen" und „internalisierter Normen" eingegangen werden. Da jedoch zwischen dem, was unter „Rollen" und „Normen", „gesellschaftlichem System" und „Zwängen" verstanden wird, sehr enge Beziehungen bestehen, seien aus der Fülle unterschiedlicher Definitionsversuche von „Rollen" zwei herausgegriffen:
„Soziale Rollen sind Bündel von normativen Verhaltenserwartungen."
(H.P. Dreitzel, Die gesellschaftlichen Leiden und das Leiden an der Gesellschaft, Enke, Stuttgart, 1968, S. 110)
„Ihr besonderer Inhalt wird nicht von irgendeinem Einzelnen, sondern von der Gesellschaft bestimmt ... Die in Rollen gebündelten Verhaltenserwartungen begegnen dem Einzelnen mit einer gewissen Verbindlichkeit des Anspruchs."
(R. Dahrendorf, Homo sociologicus, UTB 28, Westdt. Verlag, Opladen, 1971, 10. Aufl., S. 35)

[3] vgl. dazu: Skizzen II und III

Wirkungen zeitigt derartiges Leiden unter der Herkunft? Was verhindert es?

- Die Tocher einer Fahrenden: Andere hatten eine Mutter, so etwas wie Geborgenheit, eine weiterhelfende Bezugsperson; sie nicht. Was geht einem Kind, einer Heranwachsenden infolgedessen verloren? Was wird niemals internalisiert, was stattdessen? Wie und wielange leidet ein Kind unter herabsetzenden Äußerungen über die Mutter?
- Das Pflegekind der Freundin der Mutter: Fremde sein, danken müssen für alles, die Fragen der Spiel- und Klassenkameradinnen aushalten müssen („Hast du keinen richtigen Vater? Warum bist du nicht bei deiner richtigen Mutter?"), mitlaufen. Was setzt sich da fest: Neid? Zorn? Resignation? Selbstbehauptungswille? Was?
- Die gescheiterte Volksschülerin: Sie erlebt, wie andere vorankommen, weil ihnen geholfen wird; sie begreift, daß sie es zu nichts bringen wird, immer „unten" bleiben muß, wenn nicht ein „Wunder" geschieht. Welche Rolle spielt Erlerntes, Gewußtes im Leben eines Menschen? Wie wirkt sich nie erlerntes Denktraining aus? Welche „Einsichten" in die „Realitäten der Welt" setzen sich fest? Was verhindern sie? Was lassen sie zu?
- Die junge Diebin: Schön sein wollen, weil eine Frau schön sein muß; aber: Kein Geld haben, vielleicht nie zu Geld kommen. Dürfen arme Frauen nicht hübsch sein? Muß man sich den Diebstahl ein Leben lang vorwerfen? Womit binde ich einen Mann, wenn nicht durch „Schönheit"?
- Das Sexualobjekt „Frau": Stiefvater, Bauer, Bergmann, Kumpel, Polizist: Erfahren, daß man „begehrt" wird, darauf auch eingehen, weil es einen zu bestätigen scheint oder sogar beglückt. Glauben, was die anderen sagen („Er hätte mal eine Freundin gehabt, die hätte mir ähnlich gesehen") und was man selbst sagt („Es war eben meine erste Liebe"). Begreift man, daß man getäuscht wird, sich selbst täuscht? Erkennt man, daß man immer Objekt geblieben ist, Ersatz für eine andere, daß man als Individuum nicht „begehrt" worden ist? Was ist das: Selbsttäuschung? Trotz?
- Die Mutter: Man hat die Kinder bekommen, also muß man sie großziehen, für sie sorgen oder andere für sie sorgen lassen. Kinder müssen satt werden. Kinder darf man nicht schlagen. Kinder tötet man nicht. Damit die Kinder, die eigenen, nicht scheel angesehen werden, wie sie selbst, schuftet sie sich als Serviererin ab. Sie nimmt den ersten netten Mann, weil sie ein Kind erwartet; sie flieht mit dem zweiten, weil sie noch hoffen kann – für die Kinder, für sich selbst; sie läßt sich mit einem anderen ein – weshalb? Wann haben die Kinder aufgehört, tatsächliches oder scheinbares Zentrum ihres Lebens zu sein? Als sie in die DDR floh und drei zurückließ? Als sie zwei zurückließ und zwei „fallenlassen" mußte oder „wollte"?

b) Zwänge, die sich aus Normen herleiten:

- Das Selbstverständnis der Frau, der Mutter: Die Frau gehört zum schwachen Geschlecht. Sie hat dem Mann zu gehorchen. Sie hat für den Mann, für die Kinder dazusein. Eine Frau wird „genommen", eine Mutter ist verpflichtet, sich für die Familie „aufzuopfern". Eine Frau muß dankbar sein, daß sie einen Mann gefunden, ihre Kinder aufzuziehen hat. Eine Frau ist eben weniger „wert" als ein Mann.
- Das Selbstverständnis der Unterschicht: Manche sind eben „unten", andere „oben". Wer „unten" ist, bleibt unten, darf sich nicht anmaßen, „höher hinaus" zu wollen, sonst geht es ganz schief. Wer unten ist, hat zu gehorchen, sich anzupassen, muß versuchen, „über die Runden zu kommen". Wer „unten" ist, darf allenfalls „elementare" Bedürfnisse befriedigen, ein „Bedürfnis nach Bedürfnissen" (A. Gehlen) höherer Art steht ihm nicht an.[4]
- Die Ideologie der Ehe: Heiraten muß man, sonst fällt auf die Unverheiratete, die ledige Mutter oder die Kinder ein Makel. Wer geheiratet hat, muß eben putzen und schuften, warten und treubleiben, gebären und dulden, „das eigene Nest nicht beschmutzen" und „zum Mann halten". Entweder sind Kinder die sicherste oder sogar einzige Möglichkeit, einen Mann (einen „Felsen" gar) zu „gewinnen" und „an sich zu binden", oder umgekehrt sind Männer „Garanten" dafür, daß die Kinder „es schaffen", „mal besser haben als man selbst" („ans Ufer gelangen").
- Das „Wissen" des Unwissenden: Sprachlosigkeit als Folge nie erlernter, nie trainierter Denkfähigkeit führt zu Aussagen, die nicht nur „keinem Dichter gelingen" (Mauz), sondern Produkte gesellschaftlichen Versagens, d. h. fehlender „Bildung" der Unterschicht und damit Folgen produzierter Ratlosigkeit sich selbst gegenüber sind: „Und das hat eben in mir rumort." oder: „Die Kinder töten? Nein, das hätte ich nie getan ... Ich hab' sie getötet, aber ..." oder: „Aber dann habe ich mich gegraut. Ich war so allein."
- Die Ideologie der Leistungs- und Konsumgesellschaft: Vorankommt nur, wer brutaler, egoistischer und „cleverer" ist als der andere. Zu etwas bringt es, wer nicht vor allem an die Kinder denkt, wer anderes will, als sich darauf zu freuen, „ihm sein Leben auffrischen zu können". Hochkommen wollen heißt rackern müssen. Untenbleiben müssen heißt versagt zu haben.

[4] „Personen aus niedrigen sozialen Schichten werden mit größerer Wahrscheinlichkeit von Psychosen ... betroffen als solche aus höheren. Dies äußert sich auch in ihrem Verhalten, und zwar als besonders faßbare Züge in der Unfähigkeit der Vorausplanung, der Neigung zu Depressionen, zu ... Mißtrauen, autoritärer Einstellung, zum Ausagieren von Problemen und passiver Abhängigkeit." (H. Strotzka, Einführung in die Sozialpsychologie, rde 214, Reinbek, 1965, S. 70)

- Das ökonomisch bedingte „So ist es eben“: Wo nichts ist, kommt nichts hin. Wem nichts mitgegeben wird, dem wird nichts gegeben. Selbst wenn man sich schindet, bringt man es zu nichts. – Aber:
- Das internalisierte oder lediglich „gewollte“ „Ich aber versuche es trotzdem“: Ein Bergmann kann eine Familie ernähren; in der DDR klappt es vielleicht eher; ein Fuhrunternehmen – das wäre was! – Aber:
- Das unvorhersehbare „X“: Trinken ist nicht verboten, eine Tracht Prügel kann nicht schaden; Risiken muß man eben eingehen, wenn man es zu etwas bringen will; Entscheidungen eines anderen (noch dazu im Gefängnis) lassen sich nicht voraussehen.
- Das Gewissen: „Die Pflegemutter klagte: ‚Kind, wenn das deine Mutter wüßte‘.“ oder: „‚Die Kinder töten? Nein, das hätte ich nie getan‘.“ oder: „Es sollte nicht weh tun.“
- Die Dankbarkeit: „‚Ich sollte froh sein, daß ich überhaupt ein Zuhause hätt'‘.“
- Das Verantwortungsgefühl: „Die ersten drei Kinder ließ sie zurück. Die Fürsorge würde sie holen, da würden sie endlich satt werden.“
- Die Gesetze der Gesellschaft: „Der Psychiater kann ihr keinen Paragraphen gewähren.“ oder: (von Mauz ironisch gemeint) „Wo kämen wir hin, . . .“ oder: „Es ist kein anderes Urteil möglich.“

2.3 „Vater wird aggressiv“

► In vielen Familien sind es die Kinder geblieben, an denen sich die Eltern abreagieren.
Ein Beispiel: Ein Angestellter hat von seinem Chef einen erheblichen Tadel erhalten. Er kommt nach Hause und sieht, daß eine Kleinigkeit im Kinderzimmer nicht in Ordnung ist. Er ist reizbar und tadelt deswegen auf barsche Weise seine Kinder, vielleicht verprügelt er sie. Damit vollzieht er ein uraltes, ein in der menschlichen Psyche noch wenig abgeschwächtes Reflexgeschehen. Er gehorcht der Hackordnung, wie man diese Verhaltensfolge, abgeleitet von der Art, in der sich die Sozialordnung im Hühnerhof herstellt, genannt hat. Wenn ein Huhn von einem höherstehenden gehackt wird, rennt es ohne Aufschub zum nächstunterlegenen und hackt dieses. Nur das Omega, das auf der sozialen Leiter am niedrigsten Ort stehende Huhn, wird nur gehackt und hat keine Möglichkeiten, sein Selbstgefühl durch Hacken eines noch schwächeren Huhns wiederherzustellen. Das gleiche Verhalten in der menschlichen Gesellschaft ist mit dem analogen Begriff der „Radfahrer-Reaktion“ gemeint. Viele Kinder befinden sich ihre ganze Jugendzeit über in dieser Situation, während der strafende Vater sein Verhalten vor sich selbst damit rechtfertigt (rationalisiert), daß er sich sagt, es sei für eine gute Erziehung unerläßlich, frühzeitig den Sinn für Ordnung drastisch einzu-

pflanzen. Die seelische Mißhandlung der Kinder (Liebesentzug, moralische Verachtung etc.) stellt also eine die emotionelle Spannung herabsetzende und damit lustvolle Handlung dar. Im Affekt rasch ausgeteilte Prügel scheinen dagegen oft noch das kleinere Übel. Die dem Schwächeren zugefügten Herabsetzungen gelten eigentlich dem Stärkeren, dem sie nicht gegeben werden dürfen ... In bedrückendem Wiederholungszwang vollzieht sich diese Dehumanisierung des Opfers und Selbstidealisierung der Verfolger immer und immer wieder – von der Diskriminierung in der Schulklasse bis zur Rassendiskriminierung. ◀

(A. und M. Mitscherlich, Die Unfähigkeit zu trauern, Piper, München. 1967, S. 152–153)

1. Material für eine Analyse des Falls mit Hilfe von verschiedenen Aggressionstheorien (Exkurs)

Der Text scheint auf den ersten Blick plausibel zu sein: Ein ‚frustierter' Vater ‚reagiert sich ab' – ‚nach unten', d. h. er folgt dem ‚Zwang', den die sog. Hackordnung vorschreibt/erfordert. Plausibel scheint der Text deshalb zu sein, weil er den Fall mittels vorgängiger Theorien deutet.
Wenn man Mitscherlich folgen will, dann befindet man sich im Umkreis zweier *Aggressionstheorien:* einmal der von S. Freud, die – nach Mitscherlich – besagt, daß ein Trieb, wenn er nicht unterdrückt wird, zu einer „lustvollen Handlung" führt; zum anderen der von K. Lorenz, die – nach Mitscherlich – besagt, daß die „dem Schwächeren zugefügten Herabsetzungen ... eigentlich dem Stärkeren, dem sie nicht gegeben werden dürfen", gelten (sog. „picking order"). Der Text von Mitscherlich enthält aber auch unreflektiert und unvermittelt eine dritte Aggressionstheorie: Aggressionen sind Folgen von Frustationen.
Bevor man im Zusammenhang des Themas ‚Zwänge' den Text von Mitscherlich, d. h. dieses sicher recht alltägliche Beispiel, unter anderen Aspekten als den von Aggressionstheorien[1] durchdenkt, empfiehlt es sich, zunächst einmal anhand der folgenden Texte zu erörtern, welchen Beitrag Aggressionstheorien zum Verständnis des Falles und zur Erklärung von ‚Zwängen' allgemein leisten können.
Zu berücksichtigen ist dabei aber unbedingt dies:

1. Es gibt keine einheitliche, unbestrittene, wissenschaftlich endgültig abgesicherte Theorie der Aggressionen.
2. Es ist nicht entschieden, ja, sehr fragwürdig, ob der sog. Aggressions‚trieb' ein Trieb ist.
3. Es gilt als gesichert, daß alle Aggressionen multifaktoral bedingt und daher nicht monokausal zu erklären sind.
4. Es ist wichtig, von vornherein zu wissen, daß je nach Theorie Verhaltensänderungen möglich oder nicht möglich sind.

[1] vgl. A. Höfelmeyer/G. Küster, Depression und Gewalt, Diesterweg, Frkf., 1976 (Studienbuch Politik)

Text 1:

▶ Die Macht des Es drückt die eigentliche Lebensabsicht des Einzelwesens aus. Sie besteht darin, seine mitgebrachten Bedürfnisse zu befriedigen. Eine Absicht, sich am Leben zu erhalten und sich durch die Angst vor Gefahren zu schützen, kann dem Es nicht zugeschrieben werden. Dies ist die Aufgabe des Ichs, das auch die günstigste und gefahrloseste Art der Befriedigung mit Rücksicht auf die Außenwelt herauszufinden hat. Das Über-Ich mag neue Bedürfnisse geltend machen, seine Hauptleistung bleibt aber die Einschränkung der Befriedigungen.

Die Kräfte, die wir hinter den Bedürfnisspannungen des Es annehmen, heißen wir *Triebe.* Sie repräsentieren die körperlichen Anforderungen an das Seelenleben. Obwohl letzte Ursache jeder Aktivität, sind sie konservativer Natur; aus jedem Zustand, den ein Wesen erreicht hat, geht ein Bestreben hervor, diesen Zustand wiederherzustellen, sobald er verlassen worden ist. Man kann also eine unbestimmte Anzahl von Trieben unterscheiden, tut es auch in der gewöhnlichen Übung. Für uns ist die Möglichkeit bedeutsam, ob man nicht all diese vielfachen Triebe auf einige wenige Grundtriebe zurückführen könne. Wir haben erfahren, daß die Triebe ihr Ziel verändern können (durch Verschiebung), auch daß sie einander ersetzen können, indem die Energie des einen Triebs auf einen anderen übergeht. Der letztere Vorgang ist noch wenig gut verstanden. Nach langem Zögern und Schwanken haben wir uns entschlossen, nur zwei Grundtriebe anzunehmen, den *Eros* und den *Destruktionstrieb.* (Der Gegensatz von Selbsterhaltungs- und Arterhaltungstrieb sowie der andere von Ichliebe und Objektliebe fällt noch innerhalb des Eros.) Das Ziel des ersten ist, immer größere Einheiten herzustellen und so zu erhalten, also Bindung, das Ziel des anderen im Gegenteil, Zusammenhänge aufzulösen und so die Dinge zu zerstören. Beim Destruktionstrieb können wir daran denken, daß als sein letztes Ziel erscheint, das Lebende in den anorganischen Zustand zu überführen. Wir heißen ihn darum auch *Todestrieb.* Wenn wir annehmen, daß das Lebende später als das Leblose gekommen und aus ihm entstanden ist, so fügt sich der Todestrieb der erwähnten Formel, daß ein Trieb die Rückkehr zu einem früheren Zustand anstrebt. Für den Eros (oder Liebestrieb) können wir eine solche Anwendung nicht durchführen. Es würde voraussetzen, daß die lebende Substanz einmal eine Einheit war, die dann zerrissen wurde und die nun die Wiedervereinigung ansteckt.
In den biologischen Funktionen wirken die beiden Grundtriebe gegeneinander oder kombinieren sich miteinander. So ist der Akt des Essens eine Zerstörung des Objekts mit dem Endziel der Einverleibung, der Sexualakt eine Aggression mit der Absicht der innigsten Vereinigung. Dieses Mit- und Gegeneinanderwirken der beiden Grundtriebe ergibt die ganze Buntheit der Lebenserscheinungen. Über den Bereich des Lebenden hinaus führt die Analogie unserer beiden Grundtriebe zu dem

im Anorganischen herrschenden Gegensatzpaar von Anziehung und Abstoßung. ◄

(S. Freud, Abriß der Psychoanalyse. Fischer Bücherei 47, Frankfurt, 1953, S. 10–11)

Text 2:

► Die Frustrations-Aggressions-Theorie

Während die Triebtheorie die Aggressionen vorwiegend als spontan begreift und die Lernpsychologie sowohl spontane als auch reaktive Aggressionen zu erklären vermag, stellt die Frustrations-Aggressions-Theorie die Aggressionen einseitig als reaktives Verhalten dar. Diese von Dollard, Doob, Miller, Mowrer und Sears 1939 veröffentlichte Aggressionstheorie, meist „Frustrations-Aggressions-Hypothese" genannt, soll zentraler Gegenstand unserer Abhandlung sein. . . .

Die Hypothesen der Frustrations-Aggressions-Theorie

1. Grundannahmen

Der Kernsatz der F-A-Theorie lautet: „Aggression ist immer eine Folge von Frustration"; und ergänzend heißt es: „Frustration führt immer zu einer Form von Aggression."

Diese beiden aufeinander bezogenen Hypothesen enthalten zwei Begriffe, welche einer definitorischen Erläuterung bedürfen: „Frustration" und „Aggression".

Frustration: Als Frustration gilt die Störung einer bestehenden zielgerichteten Aktivität.

Ein Beispiel nach Dollard et al.: Wenn ein kleiner Junge sich ein Eis kaufen möchte, so wäre die Tatsache, daß der Eisverkäufer kein Eis mehr hätte, eine Frustration für den Jungen.

Obwohl der Textstelle bei Dollard et al. die letzte begriffliche Klarheit fehlt, ist die zitierte Definition vorwiegend so verstanden worden, daß mit „Frustration" das störende Reizereignis gemeint ist (das Eis ist ausverkauft), nicht das Erlebnis der Störung (die Enttäuschung oder Verärgerung des Jungen).

Aggression: Als Aggression gilt jede Verhaltenssequenz, welche auf die Verletzung eines Organismus oder Organismusersatzes abzielt.

Auch hier ein Beispiel nach Dollard et al.: Der kleine Junge wird, wenn er kein Eis bekommt, vielleicht schreien oder mit den Füßen treten oder den Verkäufer beschimpfen.

Damit wird klar, daß sich eine „Verletzung" (injury) oft nur in stark übertragenem Sinn ereignet.

2. Zusatzannahmen

Neben den beiden grundlegenden Thesen gehören zur F-A-Theorie vornehmlich noch folgende Zusatzannahmen:

a) Die *Stärke* der Aggressionsneigung hängt von der Stärke der Frustration ab, d.h. sie wird bestimmt

– von der Stärke der frustrierten Aktivität (plötzlicher Nahrungsentzug führt bei einem sehr hungrigen Kind zu einer größeren Aggression als bei einem fast schon gesättigten),

- von Grad der Störung (der Aufschub einer Urlaubsreise um eine Stunde erweckt weniger Aggressionsbereitschaft als längerer Aufschub oder ein totaler Ausfall)
- und von der Anzahl der Störungen (eine vereinzelte kleine Störung überwinden wir meist, ohne aggressives Verhalten zu zeigen, aber nach vielen kleinen Störungen kann uns plötzlich der „Kragen platzen").

b) Wenn eine Bestrafung der Aggression erwartet wird, kann es zu einer *Hemmung* der Aggression kommen. Je mehr Bestrafung erwartet wird, desto unwahrscheinlicher wird eine Aggression.

c) Die durch eine Frustration hervorgerufene Aggression ist am stärksten gegen den Frustrierenden. ◄

(H. Selg, Die Frustrations-Aggressions-Theorie, in: H. Selg (Hrsg.), Zur Aggression verdammt?, Reihe Kohlhammer, Stuttgart, 1972², S. 11 u. 12)

Text 3:

► Die Frustrations-Aggressions-Hypothese ist ein Versuch zur Umschreibung einer Beziehung, die für viele Gebiete der Forschung als wichtig angesehen wird. Es wird beabsichtigt, dem Erforscher der menschlichen Natur nahezulegen, daß er immer dann, wenn er eine Aggression beobachtet, die Möglichkeit erwägt, daß der Organismus oder die Gruppe eine Enttäuschung erlebte und dann, wenn er eine Verletzung individueller oder sozialer Gewohnheiten feststellt, unter anderem immer nach einer Aggression Ausschau halten soll. Diese Hypothese wird nahegelegt von der alltäglichen Erfahrung, von klinischen Erfahrungen, von einigen experimentellen Untersuchungen, von soziologischen Studien und den Ergebnissen völkerkundlicher Feldforschung.
Die angreifbare Äußerung ist die zweite Hälfte der Feststellung, „daß der Eintritt von Aggression stets die Existenz von Frustration voraussetzt und daß die Existenz von Frustration immer zu irgendeiner Form von Aggression führt". Die erste Hälfte dieser Feststellung, die Annahme, daß der Eintritt einer Aggression stets eine Frustration voraussetzt, ist unserer Auffassung nach durchaus haltbar und nützlich als erste Annäherung oder Arbeitshypothese. Die zweite Hälfte der Feststellung, nämlich die Versicherung, „daß die Existenz von Frustration immer zu irgendeiner Form von Aggression führt", ist dagegen aus zwei Gründen unglücklich ausgedrückt. Zunächst legt sie die – logisch keineswegs zwingende – Annahme nahe, daß Frustration keine anderen Auswirkungen habe als die Aggression. . . . Diese beiden unglücklichen Folgen unserer früheren Äußerung können durch folgende Neuformulierung vermieden werden: Frustration ruft Erregungen zu einer Reihe verschiedener Reaktionen hervor, von denen eine die Erregung aggressiver Tendenz ist.

Frustration ruft einen Anreiz zur Aggression hervor. Sie bildet aber nicht den einzigen Typus von Anreiz, die sie auslösen kann. Reaktionen, welche mit Aggression unvereinbar sind, können, wenn sie genügend gereizt werden, das tatsächliche Vorkommen von Aggressionsakten verhüten. In unserer Gesellschaft stellt die Bestrafung von aggressiven Akten häufig eine Quelle der Auslösung von Handlungen dar, welche mit Aggression nicht vereinbar sind.
Es ist nicht sicher, wie früh in der Kindheit des Individuums die Frustrations-Aggressions-Hypothese anwendbar wird, und es werden auch keine Annahmen darüber formuliert, ob die Beziehungen zwischen Aggression angeboren oder erlernt seien. ◀

(N.E. Miller, R.R. Sears, O.H. Mowrer, L.W. Dobb und I. Dollard, Die Frustrations-Aggressions-Hypothese, Psychol. Rev. 48/1941, p. 337–342, in: H. Thomae, Die Motivation menschlichen Handelns, Neue Wissenschaftliche Bibliothek 4, Kiepenheuer & Witsch, Köln, 1970, S. 205, 206 und 207)

Text 4:

▶ Was dagegen schon an dieser Stelle geschildert werden kann, ist die Rolle, die der Aggression im Gefüge einer übergeordneten und dennoch leichter zu verstehenden Systemganzheit zufällt, nämlich innerhalb der aus vielen Individuen zusammengesetzten Gesellschaft sozialer Tiere. Ein Ordnungsprinzip, ohne das sich ein organisiertes Gemeinschaftsleben höherer Tiere offenbar nicht entwickeln kann, ist die sogenannte Rangordnung.
Sie besteht ganz einfach darin, daß von den in einer Gemeinschaft lebenden Individuen jedes einzelne weiß, welches andere stärker und welches schwächer ist als es selbst, so daß sich jedes von dem Stärkeren kampflos zurückziehen und seinerseits von dem Schwächeren erwarten kann, daß dieses kampflos weicht, wann immer eins dem anderen in den Weg kommt. Schjelderup-Ebbe hat als erster das Rangordnungsphänomen an Haus-Hühnern untersucht und von „Hackordnung", englisch „picking order", gesprochen . . . Die weite Verbreitung der Rangordnung spricht, wie schon angedeutet, eine beredte Sprache für ihren großen Arterhaltungswert und wir müssen uns daher die Frage vorlegen, worin dieser eigentlich besteht.
Die nächstliegende Antwort ist natürlich, daß sie Kampf zwischen Mitgliedern der Gemeinschaft vermeidet, worauf man allerdings die Gegenfrage stellen kann, weshalb dann nicht besser die Aggressivität zwischen den zur Sozietät gehörigen Individuen unter Hemmung gesetzt werde. Auf diese Frage hinwiederum lassen sich eine ganze Reihe Antworten geben. Erstens kann . . . durchaus der Fall eintreten, daß eine Sozietät, etwa ein Wolfsrudel oder eine Affenherde, der Aggressivität gegen andere, gleichartige Gemeinschaften dringend bedarf, und daß das Kämpfen nur innerhalb der Horde vermieden werden muß. Zweitens aber können die Spannungsverhältnisse, die durch den Aggressionstrieb und durch seine Auswirkung, die Rangordnung, innerhalb der Gemeinschaft

entstehen, dieser eine in vielen Hinsichten segensreiche Struktur und Festigkeit verleihen. Bei den Dohlen, und wohl bei vielen anderen sehr sozialen Vögeln, führt die Rangordnung unmittelbar zum Schutz des Schwächeren. Da jedes Individuum stets bestrebt ist, seine Stellung im Rang zu verbessern, herrscht zwischen den unmittelbar über- bzw. untereinander stehenden Individuen stets eine besonders große Spannung, ja Feindseligkeit und diese ist umgekehrt um so geringer, je weiter zwei Tiere rangmäßig voneinander entfernt sind.
Gerade die Einsicht, daß der Aggressionstrieb ein echter, primär arterhaltender Instinkt ist, läßt uns seine volle Gefährlichkeit erkennen.
Die völlig irrige Lehrmeinung, daß tierisches wie menschliches Verhalten überwiegend reaktiv und, soferne es überhaupt angeborene Elemente enthalten sollte, doch durchwegs durch Lernen veränderlich sei, hat tiefe und schwer auszurottende Wurzeln in einem Mißverständnis an sich richtiger demokratischer Prinzipien. ◀

(K. Lorenz, Das sogenannte Böse, Dr. G. Borotha-Schoeler-Verlag, Wien, 1963, S. 66–68, S. 77 und 79)

Text 5:

▶ Drei Lernkonzepte: Klassisches Konditionieren – Operantes Konditionieren – Lernen am Modell

In der Forschung haben sich für die Erklärung der Lernvorgänge drei Modelle als besonders nützlich erwiesen:

a) das klassische Konditionieren (PAWLOW etwa ab 1900, WATSON 1914)
b) das operante Konditionieren (SKINNER, 1938, HULL 1943), gelegentlich „instrumentelles Konditionieren“ oder „Lernen am Erfolg“ genannt
c) das Lernen am Modell (BANDURA/WALTERS 1963, BANDURA 1968), auch als „Lernen durch Beobachtung“, „Lernen durch Imitation“, „Lernen durch Nachahmung“ oder „Lernen durch Identifikation“ bezeichnet. . . .

Das Modell des operanten Konditionierens

1. Erfolg durch aggressives Verhalten

Beginnen wir mit dem Modell des operanten Konditionierens.
Nach THORNDIKES „Gesetz des Effektes“ (1913) ist nun folgende Prognose möglich: Da die erste aggressive Handlung zum Erfolg führte, wird in Situationen, die der vorausgegangenen Situation gleichen (oder ähnlich sind), eine Auswahl aus den im Verhaltensrepertoire der Person vorhandenen Handlungsmöglichkeiten stattfinden, und zwar dahingehend, daß die erfolgreich realisierte Handlung (oder eine ähnliche) mit größerer Wahrscheinlichkeit wieder benutzt wird als die anderen. Der Erfolg, den man mit aggressiven Handlungen erlebt, würde also im Verlauf der Zeit zu einer immer stärkeren beobachtbaren Einengung des Verhaltensspielraums der Person führen.. . .

2. Die „Erwartung von Erfolg durch aggressives Verhalten“ als sekundäre Motivation

Wie jeder aus eigener Anschauung weiß, ist die Aggression hervorragend geeignet, die Realität zu verändern. Androhung oder Anwendung von Gewalt sind beispielsweise ein nützliches, vielfach verwendetes Mittel zur Erreichung egoistischer Ziele. Verallgemeinernd läßt sich sagen: Aggressives Verhalten führt unter den kulturellen Normvorstellungen, unter denen wir leben, mit hoher Wahrscheinlichkeit zur Befriedigung der verschiedenartigsten Bedürfnisse.
Ein entscheidendes Kriterium für das Auftreten aggressiven Verhaltens ist deshalb die Erwartung der Person, mit ihrem Handeln Erfolg zu haben.

Das Konzept des „Lernens am Modell“

Das aggressive Modell als Übermittler von Erfolgserwartung und Verhaltensmuster

In den letzten Jahren hat sich eine Diskussion darüber entwickelt, ob solch komplexe Verhaltensmuster wie Sprechen, Autofahren, aber auch einen Diebstahl begehen etc. nach dem Modell des operanten Konditionierens „gelernt“ werden. Denn dies würde erfordern, daß die vielen Lernschritte, aus denen sie sich aufbauen, jeweils einzeln bekräftigt werden, um nach und nach eine Annäherung an das gewünschte Verhalten zu erreichen.
Zwei Schwierigkeiten würden sich aus dieser Annahme ergeben:

1. Es läßt sich immer wieder beobachten, daß plötzlich sozusagen „fertige“ Reaktionen bei einer Person auftauchen.
2. Es wäre zu bezweifeln, ob eine Person in der sie heute umgebenden Umwelt lebensfähig wäre, wenn sie alle Fertigkeiten nach dem Modell des operanten Konditionierens erwerben müßte, da der Lernprozeß, um nur über die notwendigsten Fertigkeiten verfügen zu können, bis ins hohe Erwachsenenalter andauern würde.

Das „Lernen am Modell“ besteht also darin, daß das Verhalten des Modells als Reiz dient, zwischen diesem und dem Beobachter eine größere Ähnlichkeit zu bewirken. Der Beobachter wird darüber informiert, wie man sich „richtig“ verhalten kann: Mit der Übernahme der komplexen Verhaltenssequenz selbst erhält er ein Instrument zur Bewältigung einer Situation. Dieses Mittel kann völlig neu sein oder als bekanntes Instrument in einen bislang ungewohnten Zusammenhang eingebettet werden. Darüber hinaus lernt er am Beispiel des Modells, welche sozialen Verhaltenstendenzen für die Befriedigung eines Bedürfnisses erfolgreich anwendbar sind. Im System seiner Erwartungen werden durch die Wahrnehmung der Handlungskonsequenzen beim Modell Veränderungen (Umstrukturierungen) ausgelöst. Die Person kann also, ohne selbst jemals aggressive Aktionen ausgeführt zu haben, eine „Erwartung von Erfolg durch aggressives Verhalten“ entwickeln, die bei zukünftigen

Handlungen relevant ist für die in einer spezifischen Situation zur Verfügung stehenden Verhaltensmuster.
Begegnet die Person zu einem Zeitpunkt ihres Lebens einer erfolgreichen aggressiven Modellperson, dann kann hierdurch entweder eine neue, bislang fremde Verhaltenstendenz eingesetzt werden: in diesem Fall spricht man vom „Modell-Effekt" im engeren Sinn, oder es kann eine bereits bestehende Verhaltenstendenz eine Stärkung erfahren: in diesem Fall spricht man vom „Enthemmungs-Effekt". ◀

(W. Belschner, Das Lernen aggressiven Verhaltens, in: H. Selg (Hrsg.), Zur Aggression verdammt?, Reihe Kohlhammer, Stuttgart, 1972², S. 57–59 u. S. 75, 77, 79)

Text 6

▶ Tiere . . . haben keine Lust daran, anderen Tieren Schmerz und Leiden zuzufügen, und sie töten auch nicht „um nichts und wieder nichts". . . Nur der Mensch scheint Lustgefühle zu empfinden, wenn er Leben grundlos und nur um der Zerstörung willen vernichtet. Allgemeiner ausgedrückt scheint allein der Mensch über das Ziel der Selbstverteidigung oder der Befriedigung seiner Bedürfnisse hinaus destruktiv zu sein.
Wenn wir uns darauf einigen, als „Aggression" alle Akte zu bezeichnen, die einer anderen Person, einem Tier oder einem unbelebten Objekt Schaden zufügen oder dies zu tun beabsichtigen, dann sind die vielen verschiedenen Arten von Impulsen, die man unter der Kategorie „Aggression" zusammenfaßt, grundsätzlich daraufhin zu unterscheiden, ob es sich bei ihnen um die biologisch adaptive, dem Leben dienende, gutartige Aggression oder um die biologisch nichtadaptive, bösartige Aggression handelt . . . Die biologisch adaptive Aggression ist eine Reaktion auf eine Bedrohung der vitalen Interessen; sie ist phylogenetisch programmiert; sie ist Tieren und Menschen gemeinsam; sie ist nicht spontan und steigert sich nicht von selbst, sondern sie ist reaktiv und defensiv; sie zielt darauf ab, die Bedrohung zu beseitigen, indem sie sie entweder vernichtet oder ihre Ursache beseitigt. Die biologisch nichtadaptive, bösartige Aggression, das heißt die Destruktivität und Grausamkeit, stellt keine Verteidigung gegen eine Bedrohung dar; sie ist nicht phylogenetisch programmiert; sie kennzeichnet allein den Menschen; sie ist biologisch schädlich, weil sie sozial zerstörerisch wirkt; ihre Hauptmanifestationen – Mord und Grausamkeit – sind lustvoll, ohne daß sie einem anderen Zweck zu dienen brauchen; sie ist nicht nur schädlich für denjenigen, der angegriffen wird, sondern auch für den Angreifer.
Das Einzigartige beim Menschen ist, daß er von Impulsen, zu morden und zu quälen, getrieben werden kann und daß er dabei Lustgefühle empfindet. Er ist das einzige Lebewesen, das zum Mörder und Vernichter der eigenen Art werden kann, ohne davon einen entsprechenden biologischen oder ökonomischen Nutzen zu haben . . . Dabei wollen wir

uns vor Augen halten, daß die bösartige Aggression ... nicht aus einem tierischen Instinkt entstanden ist. Sie dient nicht dem physiologischen Überleben des Menschen und ist trotzdem ein wichtiger Bestandteil seines seelischen Haushalts. Sie ist eine der Leidenschaften, die bei gewissen Individuen und Kulturen dominant und mächtig sind, während dies bei anderen nicht der Fall ist. Ich will zu zeigen versuchen, daß die Destruktivität eine der möglichen Reaktionen auf psychische Bedürfnisse ist, die in der Existenz des Menschen verwurzelt sind, indem daß sie ... das Ergebnis der Interaktion verschiedener sozialer Bedingungen mit den existenziellen Bedürfnissen des Menschen ist.

[Man] kann den Menschen als den Primaten definieren, der an dem Punkt der Evolution seine Entwicklung begann, an dem die Determination durch die Instinkte ein Minimum und die Entwicklung des Gehirns ein Maximum erreicht hatte. Diese Kombination einer minimalen Determination durch Instinkte und einer maximalen Entwicklung des Gehirns war nie zuvor im Verlauf der Evolution vorgekommen, und sie stellt biologisch gesehen ein völlig neues Phänomen dar. Als der Mensch seine Entwicklung begann, war sein Verhalten bereits nur wenig von Instinkten geleitet. Von einigen elementaren Reaktionen abgesehen, wie denen auf Gefahren oder sexuelle Reize, verfügt er über kein ererbtes Programm, das ihm sagen würde, wie er sich in den meisten Fällen zu verhalten hat, in denen sein Leben von der richtigen Entscheidung abhängt. So ist anscheinend der Mensch, biologisch gesehen, das hilfloseste und schwächste aller Lebewesen.

Wenn wir uns individuelles Verhalten und Massenverhalten näher ansehen, so finden wir, daß das Verlangen, Hunger und Sex zu befriedigen, menschliches Verhalten nur zum kleineren Teil motiviert. Die Hauptmotivation des Menschen sind seine rationalen und irrationalen Leidenschaften: das Streben nach Liebe, Zärtlichkeit, Solidarität, Freiheit und Wahrheit sowie der Trieb zu beherrschen, zu unterwerfen, zu zerstören; Narzißmus, Gier, Neid und Ehrgeiz. Diese Leidenschaften sind seine Triebfedern und die Quelle seiner Erregung ... Menschen, die von diesen Leidenschaften motiviert sind, riskieren ihr Leben.

Bei seinem Versuch, die Trivialität seines Lebens zu transzendieren, fühlt sich der Mensch getrieben, das Abenteuer zu suchen, über die Schranken menschlicher Existenz hinauszublicken und sie sogar zu überschreiten. Das macht die großen Tugenden und die großen Laster, die schöpferische Tätigkeit wie die Zerstörung so erregend und anziehend. Ein Held ist, wer den Mut hat, Grenzen zu überschreiten, ohne dabei der Angst und dem Zweifel anheimzufallen. Der Durchschnittsmensch ist selbst noch in seinem vergeblichen Versuch, ein Held zu sein, ein Held. Er fühlt sich getrieben von dem Wunsch, seinem Leben einen Sinn zu geben, und von der Leidenschaft, so weit wie *er* es kann, bis an die Grenzen vorzudringen.

Dieses Bild bedarf noch einer wichtigen Qualifizierung. Der einzelne lebt in einer Gesellschaft, die ihn mit fertigen Modellen beliefert, die vorgeben, seinem Leben einen Sinn zu verleihen. So sagt man ihm in unserer Gesellschaft zum Beispiel, daß, wenn er „sein Brot verdiene", eine Familie ernähre, ein guter Bürger sei, und wenn er Waren und Vergnügungen konsumiere, sein Leben sinnvoll sei. Aber obgleich solche Suggestionen bei den meisten Menschen im Bewußtsein wirksam sind, so gewinnen sie doch keine echte Bedeutung für sie; und sie können nicht die fehlende innere Mitte ersetzen. Die suggerierten Modelle nützen sich ab und versagen immer häufiger. ◀

(E. Fromm, Anatomie der menschlichen Destruktivität, DVA, Stuttgart, 1974, S. 166, 167, 196, 202, 240, 242)

Text 7

▶ Wenn wir vom Konzept einer dualistischen Triebtheorie ausgehen, so lassen sich Einzelheiten am Anpassungsvorgang unterscheiden. Die beiden radikalen Grundenergien müssen kultiviert, gebändigt, kurz: in ihrer Beziehung zu den Vollzugsorganen gesehen werden, die ihre Äußerung in sozial erträglichen und wünschenswerten Formen zuläßt. Man muß sie in Bahnen lenken, der Beeinflussung öffnen . . . Zuerst wird der Akkomodationsvorgang verinnerlicht; ein Über-Ich herrscht im Innern wie eine äußere Macht. Dann soll das Ich in zunehmender Ausdehnung seines Bewußtseins viele Entscheidungen selbst treffen und somit seine Eigenart entfalten: das ist es, was wir als Assimilation bezeichnen.
Zu all diesen Anpassungsleistungen wird durch Einflüsse von zwei Seiten aufgerufen: durch die aus den Trieben stammenden Bedürfnisspannungen und durch die von der Außenwelt her wirkenden Zwängen. Im Fortgang des Lebens werden unablässig neue Triebenergien freigesetzt; wir formen sie in unserem Verhalten unter dem Einfluß dessen, was unsere Umwelt fordert oder auch zu fordern verfehlt . . . Hier müssen wir allerdings eingestehen, daß wir noch nicht in der Lage sind, klar zu erkennen, was zum Gelingen der Akkomodation und, von ihr aus weiter, zur Assimilation gehört, mit anderen Worten: welcher Weg zu einer gelungenen Anpassung führt. ◀

(A. Mitscherlich, Aggression und Anpassung, in: ders., Die Idee des Friedens und die menschliche Aggressivität, Suhrkamp, Frankfurt, 1969, S. 85)

Text 8:

▶ Sie verwundern sich darüber, daß es so leicht ist, die Menschen für den Krieg zu begeistern, und vermuten, daß etwas in ihnen wirksam ist, ein Trieb zum Hassen und Vernichten, der solcher Verhetzung entgegenkommt. Wiederum kann ich Ihnen nur uneingeschränkt beistimmen. Wir glauben an die Existenz eines solchen Triebes und haben uns gerade in den letzten Jahren bemüht, seine Äußerungen zu studieren . . . Wir nehmen an, daß die Triebe des Menschen nur von zweierlei Art sind, entweder solche, die erhalten und vereinigen wollen: wir heißen sie erotische . . . oder sexuelle mit bewußter Überdehnung des populären Begriffs von Sexualität – und andere, die zerstören und töten wollen; wir fassen diese als Aggressionstrieb oder Destruktionstrieb zusammen

... Der eine dieser Triebe ist ebenso unerläßlich wie der andere, aus dem Zusammen- und Gegeneinanderwirken gehen die Erscheinungen des Lebens hervor ... Die Schwierigkeit, die beiden Triebarten in ihren Äußerungen zu isolieren, hat uns ... so lange in ihrer Erkenntnis behindert. ◀

(S. Freud an A. Einstein, Sept. 1932, in: E. Krippendorff (Hrsg.), Friedensforschung, Neue Wissenschaftliche Bibliothek, Kiepenheuer & Witsch, Köln, 1968, S. 119)

Text 9:

▶ Die These, daß der Krieg durch eine angeborene menschliche Destruktivität verursacht werde, ist einfach absurd für jemand, der auch nur die geringsten geschichtlichen Kenntnisse besitzt. Die Babylonier, die Griechen und alle Staatsmänner bis in unsere Zeit haben ihre Kriege aus Gründen geplant, die sie für realistisch hielten, und sie haben die Pros und Contras sehr sorgfältig erwogen, wenn sie sich bei ihren Berechnungen natürlich auch oft irrten. Sie hatten dabei mannigfache Motive: Land, das sie kultivieren wollten, Reichtümer, Sklaven, Rohstoffe, Märkte, Expansion – und Verteidigung. Unter besonderen Umständen gehörte auch der Wunsch sich zu rächen oder die Zerstörungswut eines kleinen Stammes zu den Faktoren, die Beweggründe für Kriege darstellten, doch sind solche Fälle nicht typisch. Die Ansicht, der Krieg werde durch die Aggression des Menschen verursacht, ist nicht nur unrealistisch, sondern auch schädlich. Sie lenkt die Aufmerksamkeit von den wirklichen Ursachen ab und schwächt den Widerstand gegen diese.
Die These von der angeborenen Neigung, Kriege zu führen, wird nicht nur durch die Annalen der Geschichte widerlegt, sondern – was sehr wichtig ist – auch durch die Geschichte der Kriegführung bei den Primitiven. Wir haben im Zusammenhang mit der Aggression bei primitiven Völkern bereits darauf hingewiesen, daß sie – besonders die Jäger und Sammler – die am wenigsten kriegerischen Völkerschaften sind und daß sich ihre Kämpfe durch relativ geringe Destruktivität und das Fehlen von Blutdurst auszeichnen. Wir haben außerdem gesehen, daß mit wachsender Zivilisation die Häufigkeit und Grausamkeit der Kriege zugenommen hat. Würde der Krieg durch angeborene destruktive Impulse verursacht, so wäre das Gegenteil der Fall. Die humanitären Tendenzen im achtzehnten, neunzehnten und zwanzigsten Jahrhundert bewirkten eine Herabsetzung der Destruktivität und Grausamkeit im Krieg, was durch internationale Verträge kodifiziert und bis zum Ersten Weltkrieg einschließlich auch respektiert wurde. ◀

(E. Fromm, Anatomie der menschlichen Destruktivität, DVA, Stuttgart, 1974, S. 189)

2. Alltagsorientierte Analyse des Falls

Der von Mitscherlich geschilderte Fall muß nicht ausschließlich unter den Aspekten von Aggressionstheorien gesehen werden, wie Mitscher-

lich es nahelegt. Man kann diesen Fall auch ganz naiv reflektieren, indem man etwa versucht, sich in die Lage des Vaters zu versetzen, der – gereizt nach Hause gekommen, „auf barsche Weise“ – wegen einer Kleinigkeit seine Kinter getadelt hat und nun ‚sich schämt‘ und infolgedessen darüber nachdenkt, wie ihm solches Verhalten hatte ‚unterlaufen‘, ‚passieren‘ können. Es lohnt sich aber auch, anhand dieses Falles 2 darüber nachzudenken, warum der Vater sich so verhält und nicht über sein Verhalten nachdenkt. Vor allem aber ist zu fragen:
– Muß ein Vater/Mensch so handeln?
– Kann er es erreichen, daß er nicht so handeln ‚muß‘?

Variante a:
Der Vater tadelt etc., denkt aber über sein Verhalten nicht nach.
– Ist der „erhebliche Tadel“ an seinem Verhalten schuld?
– Sind seine Kinder ‚ohnehin immer zu unordentlich‘ und ‚zu wild‘?
– Erzieht – seiner Ansicht nach – seine Frau die Kinder ‚nicht richtig‘, ist sie ‚zu großzügig/nachlässig‘?
– Hat er gar keine ‚Lust‘, nach Hause zu kommen?
– Hätte er lieber noch mit seinen Kollegen geredet, ein Bier getrunken?
– Geschieht so etwas öfter? Geschieht es, weil er mit seiner Arbeit, an seinem Arbeitsplatz unzufrieden ist?
– Hatte er sich während der Heimfahrt über einen Autofahrer/Fußgänger ‚geärgert‘? Hatte er infolge zähflüssigen Verkehrs eine Fernsehsendung ‚verpaßt‘?
– Kommen abends Bekannte seiner Frau zu Besuch, die er nicht leiden kann?
– Wiederholt er Verhaltensweisen, die sein Vater ihm vorgelebt hat? Hält er eine ‚strengere‘ Erziehung als die ihm zuteilgewordene für ‚richtiger‘ als eine ‚laue‘?
– Möchte er in der Erziehung seiner Kinder alles besonders gut machen, ohne zu merken, daß er zu vieles falsch macht?
– ‚Hackt‘ er seine Kinder und meint seine Frau?
– usw. usw.

Variante b:
Der Vater tadelt etc., aber er denkt über sein Verhalten nach.
– Warum habe ich mich so verhalten? (1. . ., 2. . ., 3. . ., wahrscheinlich auch, weil . . .)
– Was hätte ich an diesem Spätnachmittag, angesichts jener Lappalie („eine Kleinigkeit im Kinderzimmer nicht in Ordnung“) nicht tun dürfen, stattdessen tun können?
– Was eigentlich macht mich so gereizt?
– Welche Mittel gibt es, derartige Fehlverhaltensweisen abzubauen?
– Bin ich wehrlos gegenüber dem, was mich frustriert?
– In welcher Hinsicht kann mich meine Frau unterstützen?
– Warum sind die Kinder (in meinen Augen) so ‚unordentlich/nachlässig‘? Wie kann ich ihnen helfen?

– Muß ‚perfekte' Ordnung im Kinderzimmer sein?
– Muß ich mich um das Gerede von Besuchern kümmern?
– usw. usw.

Die Fälle 2a und 2b weisen auf grundlegende Tatbestände hin: *Falls* ein Mensch bemerkt, daß (und wie) er sich verhält, könnte er imstande sein oder ist er imstande, mindestens gewisse/partielle negative Verhaltensweisen zu vermeiden. (Falls er es nicht bemerkt oder nicht gesagt bekommt, kann er seine Verhaltensweisen nicht ändern.)
Mit diesen Feststellungen, besser: Behauptungen ist infragegestellt, was Mitscherlich festgestellt, besser: behauptet hat! Mitscherlich scheint es unumstößlich zu sein, daß ein entweder(?) dem Aggressionstrieb ausgelieferter oder(?) ein infolge Frustrationen zur Aggressivität ‚verurteilter' Mensch so handeln muß, wie Mitscherlich es andeutet: dem „uralten" Prinzip der „picking order" entsprechend. Es ist die Frage, ob dem so ist!
Nehmen wir einmal an, der älteste Sohn habe am Morgen, als der Vater das Haus verließ, den jüngsten Sohn aus einem dem Vater unbekannten Grunde getreten; der älteste Sohn habe in der Mitte des Kinderzimmers eine „Kleinigkeit", seinen Ranzen liegen gelassen („Wo er nicht hingehört"); nehmen wir weiterhin an, der Vater habe dem Ältesten gegenüber – wie viele Väter – besondere ‚Ansprüche' gehabt („Er muß es ganz einfach mal weiterbringen als ich"), der Älteste aber habe diese ‚Ansprüche' ‚ignoriert', weil sie zu oft an ihn herangetragen worden sind: Was also ‚äußert' sich im Tadel, im Verprügeln des Vaters? *Unaufzählbares.* Allein und ausschließlich von „Hackordnung" zu sprechen – auch dann, wenn der Vater gerade an diesem Tage „von seinem Chef einen erheblichen Tadel erhalten" hat, ist zu wenig, heißt, die Komplexität der möglichen(!) Sachverhalte, sprich: Zwänge zu verschleiern. Verhaltensweisen wie die eine ‚an sich' liebenden/guten/vernünftigen usw. Vaters auf die „Hackordnung" zurückführen zu wollen, hieße, alltägliche Sachverhalte ausschließlich *monokausal* und zudem ausschließlich von der Verhaltensforschung (inbezug auf Tiere!) zu ‚interpretieren'.

2.4 „K. Göbel muß seinen Arbeitsplatz wechseln"

► Die Firma M. will ihre Produktion vergrößern. Sie stellt zusätzliche Arbeitskräfte ein. Dabei handelt es sich vor allem um Arbeiter, die angelernt werden sollen.
Der Betrieb ist seit Jahrzehnten in U. ansässig. Er ist der einzige Großbetrieb in der Umgebung. Daneben gibt es nur noch wenige Mittelbetriebe, eine größere Zahl von Kleinbetrieben, Landwirtschaft und Heimarbeit. Arbeitsplätze bei der Firma M. sind in der Gegend beliebt: Man verdient hier verhältnismäßig gut, und es gibt Sozialleistungen, die wo-

anders nicht gewährt werden – so auch eine betriebliche Alterskasse. Manche ziehen überhaupt die Arbeit im Großbetrieb vor: Sie glauben, dort sei die persönliche Abhängigkeit vom Chef nicht so groß. Vor allem aber gelten die Arbeitsplätze bei M. als sicher ...

Karl Göbel, der in seinem erlernten Beruf als Schneider keine Beschäftigung mehr findet, bewirbt sich um Einstellung. In der Personalabteilung werden seine Arbeitspapiere geprüft, und er erhält zunächst ein Merkblatt, das ihn über den Betrieb und über Arbeits- und Lohnbedingungen allgemein informieren soll. In diesem Merkblatt liest Karl Göbel auch die folgenden Sätze: „Im Mittelpunkt der Arbeit steht für uns der Mensch. Es ist unser Bestreben, jedem Mitarbeiter einen Arbeitsplatz zu geben, der seiner Eignung und seiner Leistung entspricht.“

Karl Göbel wird dem Werksarzt vorgestellt, und er muß anschließend mit anderen Bewerbern zu einer Eignungsprüfung zum Betriebspsychologen. Dann wird ihm ein Arbeitsplatz in der Versandabteilung angeboten. In dieser Abteilung wird nur in der Tagesschicht gearbeitet, die Bezahlung erfolgt im Zeitlohn. Eigentlich wäre er lieber in eine andere Produktionsabteilung gekommen. Bekannte, die schon länger im Betrieb beschäftigt sind, haben ihm erzählt, daß man dort im Akkord auf einen sehr viel höheren Verdienst kommen könnte. Für die Produktionsabteilung sind aber andere Mitbewerber vorgesehen, die Werksarzt und Psychologe als dafür besonders geeignet vorgeschlagen haben. Karl Göbel ist es wichtig, überhaupt erst einmal in den Betrieb hineinzukommen. Außerdem meinte der Sachbearbeiter in der Personalabteilung, daß man später über eine Versetzung schon werde reden können. Schon am nächsten Tag nimmt Karl Göbel die Arbeit in der Versandabteilung auf ...

Einige Monate nach seiner Arbeitsaufnahme wird in der Abteilung etwas von einer Umstellung gemunkelt. Rationalisierungssachverständige sehen sich die Abteilung an, und aus verschiedenen Bemerkungen und Fragen muß man schließen, daß weitgehende Veränderungen geplant sind. Tatsächlich rücken nach kurzer Zeit Baukolonnen und Handwerker an. Ein großer Anbau wird begonnen, Wände werden eingerissen, Transportbänder montiert, Paletten angeliefert, und auswärtige Firmen stellen spezielle Verladehilfen auf ...

Noch während der Umbauarbeiten werden Karl Göbel und eine Reihe seiner Kollegen vom Meister angesprochen und davon unterrichtet, daß nach Abschluß der Umstellung ein Drittel der Versandarbeiter nicht mehr gebraucht wird. Er habe sicherlich Verständnis, wenn man ihn und andere, die ebenfalls noch nicht sehr lange in der Abteilung tätig seien, der Personalabteilung zu einer anderen Verwendung im Betrieb zur Verfügung stelle ...

In den folgenden Wochen wird in der Abteilung viel geredet. Natürlich spricht sich schnell herum, wer bleiben wird und wer gehen muß. Dabei stellt sich heraus, daß die Begründung des Meisters: Die Alten bleiben, die Neuen werden versetzt, nicht ganz stimmt. Unter denen, die versetzt

werden sollen, sind auch zwei Arbeiter, die bisher einen Gabelstapler fuhren und die sich regelmäßig mit dem Meister anlegten, wenn er ihnen in die Arbeit hineinredete . . .
Die Gespräche drehen sich fast alle um die Frage, ob die Auswahl derjenigen, die versetzt werden sollen, gerecht ist. Von den jüngeren Kollegen meinen einige, es müsse doch nach der Leistung gehen. Andere vertreten den Standpunkt, die älteren Kollegen, denen die Umstellung schwer fällt, sollten in der Abteilung bleiben; andere erklären, das ganze sei „fauler Zauber". Der Meister wolle doch bloß diejenigen abschieben, die er nicht leiden könne oder mit denen er Ärger habe. Das könne man doch am Beispiel der beiden „Gabelstapler" sehen! Und selbst wenn der Grundsatz angewendet werde, daß die zuletzt Eingestellten zuerst gehen müßten, dann habe das sicherlich keine sozialen Gründe: Die „Alten" halten doch bloß deswegen die Klappe, weil sie Anspruch auf Werksrente und auf längeren Urlaub haben. Mit denen hat der Meister keinen Ärger! Früher habe man bei Versetzungen auch nicht immer Rücksicht auf die Betriebszugehörigkeit genommen, und schon mancher „Alte" sei auf einen „miesen" Arbeitsplatz versetzt worden. Neueingestellte hätten dagegen bei guten Beziehungen oft genug einen gut bezahlten „Druckposten" bekommen. „Wenn die uns damit kommen, dann ist das scheinheilig!" . . .
Noch anderes verschlechtert die Stimmung: Die Arbeiter, die versetzt werden sollen, hören überall im Betrieb herum, wo Arbeitsplätze zu besetzen sind. Mancher versucht „vorzuarbeiten", d. h. mit den Vorgesetzten in anderen Abteilungen in Verbindung zu kommen, damit er möglichst namentlich von dort angefordert wird. Solche Verbindungen werden in vielen Formen angeknüpft – manchmal auf komplizierten Umwegen über bekannte Kollegen, durch ein gutes Wort von Verwandten, die in anderen Abteilungen beschäftigt sind, über den Werksarzt und andere Formen der Fürsprache, selbst von Stellen außerhalb des Betriebes. Natürlich führt das zu Geheimnistuereien und zu Rivalitäten. Karl Göbel kennt im Betrieb niemanden, der ihm bei der Versetzung helfen könnte, und kann sich daher an den Bemühungen nicht beteiligen.
In dieser Zeit kommt auch ein Betriebsratsmitglied in die Versandabteilung, um mit den Kollegen über die bevorstehenden Versetzungen zu sprechen. Die Firmenleitung hatte den Betriebsrat informiert. Man hatte ihm vorgeschlagen, jeweils die zuletzt in die Versandabteilung eingestellten Kollegen zur Versetzung vorzusehen. Grundsätzlich hatte sich der Betriebsrat damit einverstanden erklärt . . . Der Betriebsratskollege muß sich manches harte Wort anhören, als er erklärt, daß man keine große Einflußmöglichkeiten auf die Versetzung habe. „Wozu seid Ihr eigentlich da? Wenn man Euch einmal braucht, dann könnt Ihr auf einmal nichts machen!" Hier nützt auch sein Hinweis auf das Betriebsverfassungsgesetz nichts und auf die Arbeitsordnung des Betriebes, in der es heißt: „Der Betriebsangehörige ist verpflichtet, auch andere als bei

der Einstellung vereinbarten Arbeiten zu verrichten, soweit dies nach der Eignung und den betrieblichen Verhältnissen zweckmäßig erscheint. Bei erforderlich werdenden Versetzungen ist die Firmenleitung bemüht, der Eignung des Betriebsangehörigen gerecht zu werden, Versetzungen erfolgen im Einvernehmen mit dem Betriebsrat."
Es wird die Frage gestellt, ob nicht der Betriebsrat die Auswahl der zur Versetzung anstehenden Arbeiter übernehmen könnte. Hier sei doch eine Möglichkeit, die Interessen der Arbeiter im größtmöglichen Umfang zu berücksichtigen. Darauf antwortet der Betriebsratskollege, daß die Firmenleitung das am liebsten gesehen hätte, allerdings wollte sie sich die Entscheidung darüber vorbehalten, an welchem Platz die Arbeiter eingesetzt würden. Dies aber hätte bedeutet, daß sich die Verärgerung der aus dem Versand umgesetzten Kollegen gegen den Betriebsrat gerichtet hätte: Die Versetzungen an weniger beliebte Arbeitsplätze wären dann zweifellos dem Betriebsrat angelastet worden. Er wäre zum Prügelknaben für Entscheidungen geworden, die in Wirklichkeit in vollem Umfange von der Firmenleitung zu vertreten sind. So aber könne er das einzige tun, was im Rahmen seiner Möglichkeiten liege: nämlich darüber zu wachen, daß bei den Versetzungen keine Schlechterstellung in der Entlohnung einträte.
Karl Göbel und seinen Kollegen ist klar, was das für sie bedeutet: Das Angebot zur Versetzung in eine andere Abteilung stellt sie vor die Wahl anzunehmen oder ihren Arbeitsplatz bei der Firma zu verlieren. Karl Göbel wird ein Arbeitsplatz im sogenannten Naßbetrieb angeboten. Hier wird in Wechselschicht gearbeitet, die Entlohnung erfolgt im Gruppenakkord. Er will im Betrieb bleiben und nimmt an.
Die Versetzung bedeutet für ihn einen tiefen Einschnitt. Von nun an lebt er im Rhythmus der Schicht. Nur in jeder dritten Woche – wenn er Frühschicht hat – kann er wie seine Nachbarn und Freunde leben. Es gibt große Schwierigkeiten für seine Familie: Wenn er Nachtschicht hat und tagsüber zu schlafen versucht, müssen zuhause alle auf Zehenspitzen gehen. Kaum hat er sich an den Schlafrhythmus gewöhnt, wechselt die Schicht wieder. Auch sonst „paßt" nichts mehr richtig: Von den Öffnungszeiten der Läden bis zum Fernsehprogramm. Zwar ist der Lohn am neuen Arbeitsplatz höher als bisher, aber er wird auch anders verdient! Lärm, Säureschutzanzug, Gummistiefel, Schutzbrille und ständig ein Arbeitstempo, das es Karl Göbel nicht nur in der ersten Zeit schwer macht, mitzuhalten; kaum Zeit, mal ein Wort zu wechseln.
Freiwillig hätte Karl Göbel eine solche Arbeit nicht gewählt. Er denkt an Kündigung. Aber wollte er nicht um jeden Preis in diesen Betrieb? „Schließlich geht es vielen anderen auch nicht besser. Man muß sich damit wohl abfinden ..." ... „Jedenfalls kann sich unsereiner nicht aussuchen, was und wo er arbeiten möchte", sagt einer der Kollegen, und Karl Göbel stimmt ihm zu. ◀

(A. Brock u. andere, Industriearbeit und Herrschaft (= Theorie und Praxis der Gewerkschaften, Themenkreis Betrieb 1), EVA, Frankfurt, 1969, S. 9–15)

1. Auswertung des Falles unter dem Aspekt ökonomischer Zwänge

Der oben verkürzt wiedergegebene Fall K. Göbel ist erschienen in dem Heft für Gewerkschaftsarbeit „Industriearbeit und Herrschaft". Dabei werden, zunächst ausgehend von dem „Fall Göbel", eine Fülle von Problemen erörtert, etwa: Arbeit, Leistung, Einkommen, Produktion, Produktionsmittel, Arbeitsplatzwahl, Eigentum und Macht, Management und Hierarchie, Technik und Kooperation usw. Den Autoren des Heftes geht es darum, ein *Verständnis* dafür zu vermitteln, „daß solche Konflikte Resultat der Verfassung und der Bedingungen des kapitalistischen Industriebetriebes sind und daß die betriebliche Verfassung wiederum Ausdruck der gesellschaftlichen, ökonomischen und politischen Strukturen ist" (a.a.O., S. 5). Es wird versucht, „schrittweise den Zusammenhang der Einzelsituation mit der gesellschaftlichen Situation, den allgemeinen Rechtsverhältnissen, der technischen Entwicklung, den wirtschaftlichen Bedingungen des Betriebes und der Gesellschaft und den betrieblichen und gesellschaftlichen Herrschaftsverhältnissen aufzuzeigen" (a.a.O., S. 7).

Der Überblick zeigt, daß das Heft als Ganzes ein ausgezeichnetes Modell darstellt, mit dessen Hilfe sich eine Fülle der ‚Zwänge' behandeln lassen, die etwa in Skizze III dargestellt worden sind, insbesondere solche des „ökonomischen Bereichs" (vgl. S. 32f.). Den Verfassern des Heftes geht es aber nicht um ‚Zwänge' im allgemeinen, sondern

- einmal um eine didaktische Konzeption, die es ermöglichen soll, das Heft in der Arbeiterbildung zu verwenden: Ausgang von einem Konfliktfall, Verdeutlichung der diesem Fall zugrundeliegenden Probleme und Zusammenhänge, schrittweises Vorgehen, ständiger Perspektivenwechsel;
- zum anderen um Tatbestände, die z.B. so formuliert werden:
  „Der Mensch muß arbeiten, wenn er leben will.
  Um arbeiten zu können, braucht er Produktionsmittel. Nicht alle Menschen verfügen über Produktionsmittel. Wer keine Produktionsmittel hat, ist darauf angewiesen, mit den Produktionsmitteln anderer zu arbeiten.
  Der Besitzer von Produktionsmitteln kann daher den Nichtbesitzenden die Bedingungen für die Arbeit vorschreiben und damit auch die Höhe des Arbeitsentgeltes wesentlich bestimmen.
  Der Arbeitnehmer muß sich diesen Bedingungen grundsätzlich unterwerfen.
  Auch wenn dem Arbeitnehmer die gebotenen Bedingungen nicht passen, muß er sie annehmen, um leben zu können." (a.a.O., S. 18–19)

Aus diesen und anderen Tatbeständen wird gefolgert: „Die Kritik muß an der Wirtschafts- und Gesellschaftsordnung ansetzen." (a.a.O., S. 32)
Aus dem bisher Wiedergegebenen läßt sich deutlich ablesen, daß die Verfasser des Heftes aus neo-marxistischer Sicht Kritik am kapitalistischen

System üben wollen, um Arbeitnehmer über ihre Lage innerhalb einer kapitalistisch strukturierten Wirtschafts- und Gesellschaftsordnung aufzuklären.

2. Möglichkeiten zur weiterführenden Reflexion dieses ‚Falles':

Das in „Industriearbeit und Herrschaft" vorgestellte Modell (oder der oben wiedergegebene Textauszug) läßt sich im Hinblick auf die Problematik ‚Zwänge' auf sehr unterschiedliche Weise ausweiten.[1] Die in Abschnitt 1.4 gebotenen Skizzen bieten dazu Einstiegsmöglichkeiten. Aber auch unabhängig von diesen Skizzen läßt sich ausdenken, welchen Zwängen Karl Göbel, seine Frau und beide Kinder ausgesetzt sind, wie sich durch seinen Eintritt in den Großbetrieb, später dann durch den bevorstehenden Arbeitsplatzwechsel innerhalb des Betriebs sein Leben, sein Verhalten, seine Stimmungen etc. und der Alltag der Familie ändern, welche Folgen das hat, warum diese Folgen zu Belastungen werden können usw. Es läßt sich – bei hinreichendem Kenntnisstand – aber auch nachdenken darüber, was die Leitung des Großbetriebes veranlaßt und/oder gezwungen hat, die Fertigungsmethoden so zu verändern, daß Konflikte mit der Arbeitnehmerschaft entstehen müssen.[2]
Wir empfehlen zwei Ansätze, die den „Fall Karl Göbel" aus individual- und sozialpsychologischer Sicht bzw. aus der Perspektive seiner Frau zu betrachten ermöglichen. Diese beiden Ansätze sind nicht gewählt worden, um das in „Industriearbeit und Herrschaft" Dargelegte zu relativieren; vielmehr sollen sie eine Sichtweise betonen, die es jedem Leser ermöglicht, auch ohne umfassendere ökonomische Kenntnisse den ‚Fall' so zu reflektieren, daß Problemzusammenhänge deutlich werden, die eine Vielzahl von Menschen als Arbeitnehmern tangieren.

Ansatz I: Ausweitung des „Falles Karl Göbel" im Hinblick auf individual- und sozialpsychologische Zwänge

- Entwicklung K. Göbels:
  Wo wuchs er heran? In welchem Ort, in welcher Wohngegend? Was hat ihn dort beeinflußt? Welche Anregungen empfing er, welche nicht?
  Wie könnte seine Entwicklung verlaufen sein? Wieviel kümmerten sich seine Eltern um ihn? Wieviele Geschwister hatte er? Welches Anspruchsniveau erreichte er infolge der Primärsozialisation? Wer entschied, daß er eine weiterführende Schule nicht besuchte? Konnte

[1] Es ist dabei auf zweierlei zu achten: a) Der „Fall Karl Göbel" ist ein konstruierter, der sich nicht beliebig übertragen läßt, so exemplarisch er ist. b) Er ist im Hinblick auf die oben umrissene Zielsetzung geschrieben, muß(!) also bestimmte Aspekte vernachlässigen.

[2] Um das leisten zu können, bedarf es gründlicher Kenntnisse hinsichtlich der Arbeitsweise, der Leitung, der durch die Produktion bestimmten sog. Sachzwänge usw.

er es nicht – aus Gründen der ‚Begabung' oder der fehlenden Möglichkeiten? Wer oder was bestimmte, daß er Schneider werden sollte (wollte)? Was für Erlebnisse hatte er, welchen Krankheiten war er ausgesetzt? Gab es für ihn Vorbilder? Hatte ein Lehrer, ein Onkel usw. seine Vorstellungswelt beeinflußt?
Welche Erfahrungen machte er während seiner Tätigkeit als Schneider? Wie wurde er ausgebildet? Welchen Grad an Zufriedenheit erreichte er bei seiner Tätigkeit als Schneider?
Warum heiratete er Erika? Wie lebten beide zusammen, solange sie keine Kinder hatten, solange er Schneider war? Wie stand er sich, standen sich beide Ehepartner mit Nachbarn, Verwandten oder Kollegen? Wie waren die Wohnverhältnisse? Wie wurden Streitigkeiten geregelt? Welchen Einfluß übte das Privatleben auf die Berufstätigkeit aus – und umgekehrt?

– Tätigkeit K. Göbels im Großbetrieb:
Wie schwer fiel ihm die Umstellung beim Eintritt in den Betrieb? Traf es zu, daß ihm die andersartige Tätigkeit nicht irritierte, im Gegenteil zusagte, d.h.: Spürte er z.B. einen höheren Grad an Befriedigung dadurch, daß er mit Kollegen sprechen konnte und weniger eigenverantwortlich tätig war? Litt er unter dem, was vielleicht einer seiner Kollegen als ‚Entfremdung' bezeichnete? Störte ihn die weitgehend gleichbleibende Arbeit?
Änderte sich sein Verhältnis zu Frau und Kindern? Wenn ja, wie und weshalb? Wenn nein, warum nicht? (Besteht ein Zusammenhang zwischen internalisiertem Anspruchsniveau und dauerhaft abhängiger Tätigkeit einerseits und unreflektierter ‚Zufriedenheit' andererseits? Ist die ‚Macht der Gewöhnung' so stark, daß sie bei geänderten Tätigkeitsverhältnissen jeweils qualitativ unterschiedliche Verhaltensweisen gegenüber primären Bezugspersonen ausschließt?)
Worin liegt der entscheidende Unterschied zwischen der Arbeit in der Versandabteilung und der in der Naßabteilung, wenn man die finanzielle Seite unberücksichtigt läßt? Deprimiert der ‚soziale Abstieg' in eine minderwertige Abteilung mehr, als die anstrengendere und beschwerlichere Tätigkeit in dieser Abteilung abschreckt? Spielt Geld immer eine vorrangige Rolle, d.h.: Ist das Einkomen eines Arbeitnehmers, der verheiratet ist und mehrere Kinder hat, für ihn wichtiger als die Tätigkeit, die er ausübt? Läßt sich das generell oder wenigstens mit einiger Sicherheit, mit einem gewissen Anspruch auf Allgemeingültigkeit beantworten?
Welches Ansehen genoß K. Göbel als Schneider, als in der Versandabteilung Tätiger, welches wird er (nicht) genießen, wenn er in die Naßabteilung versetzt worden ist? Welche Freunde wird er verlieren (und welche vielleicht gewinnen)? Welche Rückwirkungen sind inbezug auf sein Privatleben zu erwarten? Wird die anstrengendere und frustrierende Tätigkeit in der Naßabteilung es verhindern, daß er sich mit seinen Kindern beschäftigt, daß er sie anregt, kurz: daß sie ‚vor-

ankommen'? Welche ‚Lehren' werden die Kinder aus dem Lebensgang des Vaters ziehen, falls sie darüber nachdenken?

Ansatz II: Ausweitung des „Falles Karl Göbel" im Hinblick auf die Situation seiner Frau Erika

– Hinweise:
Über die Situation des lohnabhängigen Arbeitnehmers ist hinreichend viel geschrieben worden. Sie ‚im Rahmen des kapitalistischen (oder staatskapitalistischen) Systems' zu analysieren, ist, bedient man sich nur bekannter und/oder einleuchtender Kategorien, relativ einfach; die Ergebnisse der Analyse stehen meist von vornherein fest.
Weniger beachtet werden in der Regel die Auswirkungen dieser Situation des Arbeitnehmers auf das Leben, auf den Alltag, auf das Bewußtsein und Selbstverständnis seiner Frau, falls diese nicht ebenfalls berufstätig ist und falls diese durch mehrere Kinder an die Wohnung und an ihren Mann gebunden ist. Um die aus den angedeuteten Tatbeständen sich ergebenden Zwänge erkennbar werden zu lassen, wird im Folgenden ein fingierter ‚Monolog' abgedruckt. Daran kann deutlich werden, wie sich Zwänge, die sich aus der beruflichen Tätigkeit eines anderen Menschen herleiten, auf einen Menschen auswirken können, der diese Zwänge nolens volens akzeptieren muß.

Monolog „Fall Karl Göbel" als „Fall Erika Göbel":

▶ Ich versteh ihn einfach nicht: Soll er doch froh sein, daß sie ihn überhaupt genommen haben! Hauptsache, ein Mann verdient etwas und hockt nicht zu Hause rum und nörgelt einem die Ohren voll. Versand ist schließlich auch nicht viel was anderes als Produktion! – Karl und Ansprüche!! Zu was hat er es denn gebracht?! Bei Piwitt, seinem Chef mit der Klitsche, da konnt er ja doch nichts werden, der Laden lief ja nicht, und mit der Schneiderei kann man heutzutage sowieso nichts auf die Beine stellen. Und in die Großstadt wollte er ja nicht, bloß wegen seiner Kindheit auf'm Lande, wo's bei seinem Vater doch vor Jauche und Viehzeug schon lange nicht auszuhalten war. Onkel Fritz und die anderen von seiner Sippe – wenn die ihn nicht überredet hätten, damals, daß er wenigstens nach U. gegangen ist! – Und jetzt kann er doch hochkommen! „Paß mal auf", hab ich ihm erst neulich, bevor sie ihn genommen haben, noch gesagt, „nun geht's automatisch: Vorarbeiter erst mal und dann Schichtführer oder wie das heißt. Kremers Egon hat sich ja auch hochgearbeitet!" „Und", hab ich ihm ein paarmal gesagt und hoffentlich merkt sich der Kerl das auch, „nur nicht meckern, die Klappe halten und nicht wieder anfangen zu saufen!"
Hatt' ich doch recht gehabt: War für uns alle besser so! Wenn ich nur an das Betriebsfest denke – mal wieder getanzt und Karl so richtig im Schwung!! Der Meister machte auch 'nen prima Eindruck! – Können froh sein, daß wir's so getroffen haben! Wenn ich nur noch an das ewige Geschimpfe über Piwitt denke und wie sauer und fertig er da abends

war, zu nichts zu gebrauchen. Und jetzt? In sieben Monaten die Waschmaschine und die neuen Gardinen, und vielleicht klappt's mit Mallorca. Ich glaub, die Kinder werden verrückt: Flugzeug und Palmen oder was es da so gibt, und nicht bloß auf'n Bauernhof zu den lieben Verwandten. Mal abschalten und raus aus den vier Wänden! „Papa, wenn du erst mal Meister bist, kann ich auf die andere Penne und Mama muß nicht mehr nähen gehn." Recht hat Peter, schön wär's. Wenn bloß die Raten für den VW nicht wären und die Abzahlerei von dem Zeug von früher, das auch schon wieder kaputt ist! Aber was soll's?! Hauptsache, der Mann ist zufrieden und die Kinder haben satt zu essen.
Kaum hat man mal 'n paar Monate Ruhe, schon geht's wieder los! Und immer muß Karl herumdrucksen, bevor er damit rausrückt. Na schön, inne andere Abteilung! Und? Ich hab mir auch nicht aussuchen können, wo ich mal lande und in Haushalt mache! – Wie giftig der sein kann! Als ob der Meister an allem schuld wär oder die vom Betriebsrat, die tun doch auch nur ihre Pflicht! Was heißt schon: „Das mußte ja nicht sein"? Der Chef will auch leben und nicht pleite machen. Also muß er umbauen. Aber die Funktionäre von der Gewerkschaft hängen sich auch in alles – und Karl bläst ins selbe Horn, bis sie ihn schassen. – Aber das andere ist schlimmer: Daß ihm aber auch niemand hilft! Alle denken sie nur an sich selbst, wenn's um was geht. Wahrhaftig, ich kann seine Wut verstehen: Er läuft sich die Hacken wund, und ein andrer schnappt ihm's dann weg, nur weil der Beziehungen hat! Wechselschicht ist ja wohl auch das letzte! Und zu Hause lädt er dann alles ab! Wenn er wenigstens mal die Kinder in Ruhe läßt für'n paar Tage, aber die kriegen's wegen jeder Kleinigkeit ab. „Wär' ich bloß auf dem Hof geblieben!" Sagt er so einfach! Nee, jetzt wird durchgehalten! Aber dem Boß und denen da oben würd' ich's ja gern mal geben, unsereinen so rumzuschubsen!
Mein Gott, was ist aus Karl geworden: ein richtiges Wrack!! Lacht nicht mehr, schläft wie 'ne Leiche, allewege legt er sich hin und muß krankfeiern wegen dem stickigen und nassen Mief, und alles stinkt hier nach der verfluchten Säure. Aus dem Waschen kommt man schon gar nicht mehr heraus, und dann dieses Herumschleichen! Karl hat doch immer schlafen können; aber jetzt tobt er bei jedem Muckser! In den Vorgarten runter dürfen die Kinder nicht, den Bolzplatz haben sie auch dicht gemacht, und Frau Behrendts von unten, die alte Itsche, hört sowieso die Flöhe husten. Wenn wenigstens Anette in den Kindergarten könnte; aber Karl mußte ja aus der Kirche austreten! – Strengt ihn aber auch alles mächtig an: immer so schnell wie die andern, damit mehr rausspringt, und kein Skatabend mehr. Und die andern gucken auch schon gar nicht mehr rein, immer heißt es: „Der schläft ja doch oder ist auf Schicht." Und ich sitz abends hier alleine rum, kein Wort, immer nur das Geflimmere bis zur Spätausgabe der ‚Tagesschau'. Wenn ich nur noch an das Betriebsfest denke! Klar, der Rubel rollt, aber Karl macht alle nervös und ist selbst ungenießbar. „Du hast mir ja zugeredet!" Als

wenn ich dran schuld wäre!! Drei, vier Flaschen Bier abends – 'n richtigen Bauch hat er schon. Und in drei Wochen zu Opa Göbel! „Ich muß mal ganz abschalten im Urlaub." Ich schalte nur noch ab! Aber wenn ich das sage, explodiert er. – Wie hat Vater immer gesagt? „Wo'n Wille ist, ist auch'n Weg!" Denkste! ◄ *(Hanno Schanze)*

2.5 „Bäuerin X anno 1813"

In ihrem Heimatdorf stand die Kirche nicht nur äußerlich im Mittelpunkt des Ortes. Auch den allgemein geltenden Vorstellungen nach fühlte man sich dort ganz selbstverständlich als evangelisch. In ihrem Elternhaus wurde abends am Kinderbett gebetet; vor den Mahlzeiten sprach der Vater ein Tischgebet. Die Mutter ging alle 14 Tage zum Gottesdienst, der Vater durchschnittlich einmal im Monat. Im Religionsunterricht der Volksschule sowie im Konfirmandenunterricht mußte sie eine ganze Anzahl von Gesangbuchversen, die meisten Stücke des Katechismus und einen Teil der in der Lutherbibel fett gedruckten biblischen Kernsprüche auswendig lernen. Die evangelische Gedankenwelt wurde auf diese Weise ganz selbstverständlich zu ihrem eigenen religiösen Vorstellungsrahmen. Dieser Rahmen wurde immer wieder bestätigt und gefestigt durch das, was die Menschen ringsum glaubten und wie sie sich verhielten. Selbst wenn ihr die evangelische Welt- und Lebensanschauung nicht einleuchtend gewesen wäre, hätte unsere Bäuerin kaum die Möglichkeit eines anderen religiösen Rahmens gehabt; denn ihr fehlten sowohl die Kenntnisse einer anderen Weltanschauung als auch die Instrumente, mit ihnen umzugehen.
Sie war, ohne selbst vorher gefragt worden zu sein, in die evangelisch-lutherische Religiosität nicht nur hineingewachsen, sondern die in ihrem Heimatgebiet herrschende Religion war ihre eigene, sozusagen ein Stück von ihr geworden.
Damit können wir die Frage wieder aufnehmen, welche Funktion denn die Religion im Leben von dieser Bäuerin erfüllte, nachdem sie ins Nachbardorf hinübergeheiratet hatte und selbst Mutter geworden war. Ich unterscheide zur Verdeutlichung drei Bereiche, in denen diese Funktion klar zu beobachten ist. Der erste Bereich betrifft das sogenannte Gefühlsleben. Sie muß mit ihren verschiedenen Ängsten fertig werden, beispielsweise mit der Angst, daß ihr lebensgefährlich erkranktes Kind sterben könnte, oder mit der Angst, daß der eigene Ehemann als Soldat im Kriege fallen könnte, oder daß das heimatliche Dorf und die eigene Familie durch eine Epedemie oder durch eine Folge katastrophaler Mißernten in Not und Elend geraten könnte.
Mit all diesen Ängsten fertig zu werden hilft ihr ihre Religion; sie betet, sie bittet Gott um Hilfe, sie sagt sich die Gesangbuchverse auf, die ihr die Möglichkeit geben, ihre eigenen Empfindungen überhaupt einmal in Worte zu fassen, sie damit ein Stück weit aufzuarbeiten.

Überhaupt findet sie in diesen Gesangbuchversen ihre eigenen Lebensverhältnisse wieder, nicht nur, was die Angst betrifft, sondern auch, was die Erfahrungen der Freude oder des Glückes, des Vertrauens oder der Enttäuschung, des Leidens und des Sterbens angeht. Unsere Bauersfrau hat, wie gesagt, keine andere Instrumente, mit dem unruhigen Bereich ihrer Gefühle umzugehen, als diesen ihren religiösen Vorstellungsrahmen. Der aber hilft ihr auch tatsächlich.
Der zweite Bereich, in dem die Religion eine wichtige Bedeutung für die Frau hat, sind die sogenannten Sinnfragen des Lebens. Es ist nicht so, daß sie sich dauernd mit diesen Fragen beschäftigt, daß sie von ihnen umgetrieben würde. Aber sie weiß, sie sind grundsätzlich beantwortet. Diese Fragen, woher es beispielsweise kommt, daß man das Gute will und doch das Böse tut, woher es kommt, daß der eine, obwohl ein durch und durch anständiger Mensch, geradezu vom Pech verfolgt ist, und der andere, ein durchtriebener Schurke, auch noch Glück mit seinen finsteren Geschäften hat; warum Menschen überhaupt leiden und sterben müssen; diese Fragen haben ihre beängstigende Macht verloren. Im Katechismus hat sie gelernt, warum die Welt so ist wie sie ist. Und diese Antworten des Katechismus hat sie ebensowenig wie ihre Altersgefährten und sonstigen Dorfgenossen je hinterfragt.
Die sogenannten Sinnfragen des Lebens waren letzten Endes geregelt – auch wenn, das freilich wußte Frau Michel genau, es im persönlichen Leben oft sehr schwer war, sich in diesen Sinn zu schicken, ihn zu akzeptieren.
Der dritte Bereich, in dem die Religion für Sie eine wichtige Rolle spielt, betrifft die sittliche Ordnung, die ethischen Werte und Normen, das, was man im Volksmund „gut und böse" nennt. Diese sittliche Ordnung hatte ihr Zentrum in den Zehn Geboten, ausgelegt und erklärt wiederum im lutherischen Katechismus. Gewiß erlebte die Frau ständig, daß diese 10 Gebote nicht streng eingehalten wurden, und gewiß war sie keineswegs darauf aus, mit erhobenem Zeigefinger hinter jedem herzulaufen, der ein Gebot ersichtlich übertreten hatte. Sie war keineswegs eine religiöse Fanatikerin. Trotzdem hielt sie entschieden daran fest, daß von den Zehn Geboten nicht ein Tüpfelchen abgestrichen werden dürfe; denn wenn die grundsätzliche Gültigkeit der Zehn Gebote außer Kraft gerate, dann, so meinte sie ebenso wie die allermeisten ihrer Zeitgenossen, werde das Leben aus den Fugen geraten, werde gewissermaßen alles „drunter und drüber" gehen.
In diesen drei Bereichen, in dem der Bewältigung elementarer Gefühle, in dem der Regelung der Sinnfrage und dem der Vermittlung sittlicher Wertordnungen, spielt die Religion für die Frau unserer Beispielgeschichte eine ganz zentrale Rolle. Man kann sagen, ihr religiöser Vorstellungsrahmen sei geradezu das Steuerungssystem, mit dessen Hilfe sie ihr Lebensschiff durch ihre Alltagswelt steuert, an dem sie Orientierung gewinnt, wenn die Fahrt einmal durch gefährliche, unsichere und dunkle Gewässer geht.

1. Rahmenbedingungen

Der Fall der ‚Bäuerin X anno 1813', von K.-W. Dahm erfunden, ist eine idealtypische Konstruktion auf der Basis von historischem Wissen und religionssoziologischen Erkenntnissen. Er versammelt Realität, ist aber nicht real im Sinne einer Reproduktion eines wirklich gelebten Lebens. Es handelt sich – wenn man so will – um einen konkreten Allgemeinfall, dessen nachvollziehbare Stimmigkeit zugleich fasziniert und erschreckt.
Der Fall der ‚Bäuerin X anno 1813', wie K.-W. Dahm ihn entworfen hat, steht im Zusammenhang mit einer bestimmten Theorie über die Funktion von Religion im Leben eines Menschen; er demonstriert diese (vorgängige) Theorie, indem er sie konkretisiert und von exemplarischer Realität her begründet. Man muß diesen theoretischen Hintergrund (und damit die perspektivische Eingrenzung des erzählten Falles) im Blick behalten, wenn man über diesen Fall weiter nachdenken und aus ihm Folgerungen ziehen will.
Der Fall der ‚Bäuerin X anno 1813' bezieht sich auf die Situation eines Menschen, der in einer Primärstruktur lebt, und ist außerdem in einer Zeit vor rund 150 Jahren angesiedelt. Die damit gegebene strukturelle und zeitgeschichtliche Differenz ist gleichfalls zu berücksichtigen, wenn es um Deutung, Wertung oder Transformation dieses Falles geht.
Es wäre allerdings verfehlt, aus den genannten Rahmenbedingungen auf mangelnde Richtigkeit und mangelnde Relevanz des Falles zu schließen. Welche Deutungsfähigkeit dem Fall innerhalb seiner Grenzen für gegenwärtige Realität zukommt, ist vielmehr erst noch in einem vielperspektivischen Reflexionsprozeß zu ermitteln.

2. Deutungsmöglichkeiten

Der Fall der Bäuerin reizt zu vielen, Bearbeitungsmöglichkeiten, zu theoriebezogener Verallgemeinerung, zu gegenwartsbezogener Parallelisierung, zu existenzbezogener Aktualisierung etc.
Man könnte z.B. folgende Aspekte aufgreifen und unter Zuhilfenahme des Materialienbandes „Religion-Ideologie-Gesellschaft"* schwerpunktmäßig verfolgen:
(1) Funktion von Religion
(2) Religion und ‚Plausibilitätsstruktur' (P.L. Berger)
(3) Religiöse Sozialisation
(4) Gegenwärtige Situation von Religion
(5) Religionskritik
(6) Kirchenkritik
(7) Ideologiekritik
(8) . . . .

* G. Brockmann, W.-E. Failing, H. Schanze: Religion-Ideologie-Gesellschaft, Diesterweg, 1973

Im Zusammenhang des vorliegenden Studienbuches „Zwänge" soll keiner dieser Aspekte (Schwerpunkte) isoliert und ausdrücklich behandelt werden. Unser Interesse geht vielmehr dahin, den Fall der Bäuerin X in Richtung auf den Zusammenhang von ‚Religion und Zwänge' zu reflektieren. Daß in diese Reflexionen Fragestellungen und ‚Ergebnisse' aus den genannten Aspekten (Schwerpunkten) eingehen, versteht sich von selbst.

3. ‚Religion und Zwänge' *Der Fall der ‚Bäuerin X anno 1813' im Wechsel der Perspektiven*

1. Perspektive der Bäuerin (Perspektive der Übereinstimmung)

- Religion (und das heißt für die Bäuerin: evangelischer Glaube, evangelische Welt- und Lebensanschauung) umfaßt sie, ist mit ihrem Leben und dem der ‚signifikanten anderen' (Familienmitglieder, Dorfbewohner etc.) unmittelbar und bruchlos verknüpft, ist also der Orientierungsrahmen, der sie und die anderen selbstverständlich und unhinterfragt trägt.
- Religion ist für die Bäuerin in keiner Weise Zwang, sondern Zuflucht, Hilfe, Trost. Sofern sie überhaupt in der Kategorie ‚Zwänge' denken würde, wären Zwänge dort, wo Chaotisches, Gefährdendes einbricht. Ohne das Sinnstiftende und Trostgebende ihrer Religion wäre sie Krankheiten, Naturkatastrophen, Krieg und Not ohnmächtig ausgeliefert, hätte sie nichts, um mit diesen ‚Zwängen' fertig zu werden. Religion ist für sie gleichsam das ‚Zwänge' Aufhebende und Begrenzende, ist das Gegenteil von Zwang, ist die Bedingung der Möglichkeit von Freiheit, Ordnung, Geborgenheit.
- Das bedeutet nicht, daß nicht auch die Bäuerin Schwierigkeiten hat, die Balance zwischen einbrechenden Zwängen und umgrenzender Sinngebung jeweils für sich aktuell herzustellen. Aber das führt sie nicht aus dem sie letztlich tragenden Sinngefüge heraus, sondern verstärkt eher noch ihre emotionale Zustimmung zu der dieses Sinngefüge garantierenden Religion, in der sie aufgewachsen ist und von der sie im Letzten lebt.

2. Perspektive eines ‚aufgeklärten Atheisten' *(Perspektive der Relativierung)*

- Die Bäuerin ist in Wirklichkeit unfrei, und zwar aufgrund ihrer schichtenspezifischen Sozialisation (Bildungsstand etc.) und der allgemeinen Verdummung ihrer Umwelt. Sie hat keine Alternativen zu ihrer Eingebundenheit in das System der Religion, und sie kann von sich aus auch keine Alternativen entwickeln. Sie hat nichts in der Hand, um mit den Zwängen des Lebens anders als mit Hilfe von Religion fertig zu werden, sie gleichsam positiv und produktiv zu überwinden. Stattdessen ‚schickt' sie sich in das scheinbar Unvermeidliche. Konsequenz: sie müßte aufgeklärt werden, um andere Orientierungsmaßstäbe zu finden, vor allem solche, die sie selbst ins Zentrum der Entscheidungen rücken.

- Die Bäuerin erliegt mit ihrer Gebundenheit an die ‚vererbte' Religion den eigentlich ‚schlimmen' Zwängen. Anstatt in ihrer Religion ein Mittel gegen Unheil, Tod etc. zur Verfügung zu haben, wie sie meint, begibt sie sich nur in neue Zwänge, nämlich die Zwänge, die ihr die Kirche auferlegt, um sie nur um so fester an sich zu binden. Ihr ganzes Leben ist religiös/kirchlich reglementiert, ihr bleibt kein Freiraum zu selbständig verantwortetem Leben. Genau diese religiös/kirchlichen Zwänge sind das eigentlich Verderbliche, das Überflüssige, das es allgemein abbzubauen gilt, wenn die Menschheit nicht im Stand gelenkter Verdummung stehen bleiben soll. Kurz: die Bäuerin betrügt sich im letzten selbst, vor allem aber wird sie betrogen, und beides hängt miteinander zusammen.
- Ich als aufgeklärter Atheist mache mir nichts vor und lasse mir nichts vormachen. Ich vertraue auf die Vernunft, habe in mir selbst neue Maßstäbe gefunden, an denen ich mich orientieren kann und die mir eine Gewißheit geben, der ich wirklich zustimmen kann. Ich weiß, daß man die Welt verändern kann und daß andere, die ebenso aufgeklärt sind wie ich, gleich denken und gleich handeln. Was zu allererst geschehen muß, ist, den allgemeinen Betrug der Priester aufzudekken, die jahrhundertelange Verhinderung von Selbstbestimmung und vernunftgemäßem Handeln aufzuheben. Gewiß, die Bäuerin hat es schwerer als ich, weil sie nicht in einer Umgebung aufgewachsen ist und lebt, die kritisch ist und sich an der Vernunft ausrichtet. Aber auch in ihr ist Vernunft, wenn auch vorerst noch verschüttet, auch sie könnte sich freimachen, wenn sie nur wollte und man ihr die richtige Richtung anzeigte.

3. Perspektive eines ‚zweifelnden' Zeitgenossen
(Perspektive der Gegen-Relativierung)

- Der Trost der Bäuerin mag falsch sein, aber sie findet ihn wenigstens, ist sich selbst und dem, was geschieht, nicht ohnmächtig ausgeliefert. Für die Bäuerin gilt (wie vielleicht auch für mich), was der Kleine Mönch bei B. Brecht Galilei über die Bauern in der Campagna entgegenhält:

► KLEINER MÖNCH

Ich verstehe Ihre Bitterkeit. Sie denken an die gewissen außerordentlichen Machtmittel der Kirche. Aber ich möchte andere nennen. Erlauben Sie, daß ich von mir rede. Ich bin als Sohn von Bauern in der Campagna aufgewachsen. Es sind einfache Leute. Sie wissen alles über den Ölbaum, aber sonst recht wenig. Die Phasen der Venus beobachtend, kann ich nun meine Eltern vor mir sehen, wie sie mit meiner Schwester am Herd sitzen und ihre Käsespeise essen. Ich sehe die Balken über ihnen, die der Rauch von Jahrhunderten geschwärzt hat, und ich sehe genau ihre alten abgearbeiteten Hände und den kleinen Löffel darin. Es geht ihnen nicht gut, aber selbst in ihrem Unglück liegt eine gewisse Ordnung verborgen. Da sind diese verschiedenen Kreisläufe, von dem des Bodenaufwischens über den der Jahreszeiten im Ölfeld zu dem der Steuerzahlung. Es ist regelmäßig, was auf sie herabstößt an Unfällen. Der Rücken meines Vaters wird zusammengedrückt nicht auf einmal, sondern mit jedem Frühjahr im Ölfeld mehr, so wie auch die Geburten, die meine Mutter immer geschlechtsloser gemacht haben, in ganz bestimmten Abständen erfolgten. Sie schöpfen die Kraft, ihre Körbe schweißtriefend den steinigen Pfad hinaufzuschleppen, Kinder zu gebären, ja zu essen, aus dem Gefühl der Stetigkeit und Notwendigkeit, das der Anblick des Bodens, der jedes Jahr von neuem grünenden Bäume, der kleinen Kirche und das Anhören der sonntäglichen Bibeltexte ihnen verleihen können. Es ist ihnen versichert worden, daß das Auge der Gottheit auf ihnen liegt, forschend, ja beinahe angstvoll, daß das ganze Welttheater um sie aufgebaut ist, damit sie, die Agierenden, in ihren großen oder kleinen Rollen sich bewähren können. Was würden sie sagen, wenn sie von mir erführen, daß sie sich auf einem kleinen Steinklumpen befinden, der sich unaufhörlich drehend im leeren Raum um ein anderes Gestirn bewegt, einer unter sehr vielen, ein ziemlich unbedeutender. Wozu ist jetzt noch solche Geduld, solches Einverständnis in ihr Elend nötig oder gut? Wozu sind die heiligen Schriften noch gut, die alles erklärt und als notwendig begründet haben, den Schweiß, die Geduld, den Hunger, die Unterwerfung, und die jetzt voll von Irrtümern befunden werden? Nein, ich sehe ihre Blicke scheu werden, ich sehe sie die Löffel auf die Herdplatte senken, ich sehe, wie sie sich verraten und betrogen fühlen. Es liegt also kein Auge auf uns, sagen sie. Wir müssen nach uns selber sehen, ungelehrt, alt und verbraucht, wie wir sind? Niemand hat uns eine Rolle zugedacht außer dieser irdischen, jämmerlichen auf einem winzigen Gestirn, das ganz unselbständig ist, um das sich nichts dreht. Kein Sinn liegt in unserm Elend, Hunger ist eben Nichtgegessenhaben, keine Kraftprobe; Anstrengung ist eben Sichbücken und Schleppen, kein Verdienst. Verstehen Sie da, daß ich aus dem Dekret der Heiligen Kongregation ein edles mütterliches Mitleid, eine große Seelengüte herauslese?

GALILEI

Seelengüte! Wahrscheinlich meinen Sie nur, es ist nichts da, der Wein ist weggetrunken, ihre Lippen vertrocknen, mögen sie die Soutane küssen! Warum ist denn nichts da? Warum ist die Ordnung in diesem Land nur die Ordnung einer leeren Lade und die Notwendigkeit nur die, sich zu Tode zu arbeiten? Zwischen strotzenden Weinbergen, am Rand der Weizenfelder! Ihre Campagnabauern bezahlen die Kriege, die der Stellvertreter des milden Jesus in Spanien und Deutschland führt. Warum stellt er die Erde in den Mittelpunkt des Universums? Damit der Stuhl Petri im Mittelpunkt der Erde stehen kann! Um das letztere handelt es sich. Sie haben recht, es handelt sich nicht um die Planeten, sondern um die Campagnabauern. Und kommen Sie mir nicht mit der Schönheit von Phänomenen, die das Alter vergoldet hat! Wissen Sie, wie die Auster Margaritifera ihre Perle produziert? Indem sie in lebensgefährlicher Krankheit einen unerträglichen Fremdkörper, zum Beispiel ein Sandkorn, in eine Schleimkugel einschließt. Sie geht nahezu drauf bei dem Prozeß. Zum Teufel mit der Perle, ich ziehe die gesunde Auster vor. Tugenden sind nicht an Elend geknüpft, mein Lieber. Wären Ihre Leute wohlhabend und glücklich, könnten sie die Tugenden der Wohlhabenheit und des Glücks entwickeln. Jetzt stammen diese Tugenden Erschöpfter von erschöpften Äckern, und ich lehne sie ab. Herr, meine neuen Wasserpumpen können da mehr Wunder tun als ihre lächerliche übermenschliche Plackerei. – „Seid fruchtbar und mehret euch", denn die Äcker sind unfruchtbar, und die Kriege dezimieren euch. Soll ich Ihre Leute anlügen?

KLEINER MÖNCH
in großer Bewegung: Es sind die allerhöchsten Beweggründe, die uns schweigen machen müssen, es ist der Seelenfrieden Unglücklicher! ◀

aus: B. Brecht, Leben des Galilei, Suhrkamp, Frankfurt, Szene 8: Ein Gespräch.

Sicherlich hat auch Galilei mit seiner Entgegnung viel Recht auf seiner Seite, aber die Argumente des Kleinen Mönchs, die unmittelbar auf Erfahrung beruhen und in Liebe und Trauer den Menschen seiner Herkunft zugewandt sind, lassen sich nicht so einfach entkräften, weder durch eine (mögliche) Utopie noch durch den Hinweis auf das erforderliche Opfer weniger für das Glück aller. Wir wissen nicht, was wir anstelle des getrösteten Leids des Campagna-Bauern eintauschen. Was bis jetzt im Gefolge der Aufklärung und der Industrialisierung (des technischen Aufschwungs) herausgekommen ist, läßt zumindest auch die Schlußfolgerung zu, daß wir einen Zwang gegen andere lediglich ersetzt haben, ohne weitergekommen zu sein.

– Wie steht es denn heute mit der Plausibilität dessen, was wir tun und erleiden? Wir haben Zwänge abgebaut, sicher, aber insgesamt sind die Zwänge ins Unermeßliche gewachsen, so daß sich unsere Ohnmacht potenziert. Wir erliegen Zwängen, von denen wir meinen, sie bewirkten Freiheit. Wir wissen zu viel, als daß wir noch naiv hinnehmen könnten. Wir haben aber auch eine Menge an Zwängen internalisiert. Wir können uns nicht mehr ohne weiteres mit anderen darüber verständigen, was denn nun hilft, wie man sich wehrt, worin der Sinn des Ganzen liegt. Zu viele Ideologien konkurieren miteinander. So baut sich jeder seine private Welt zurecht und versucht sie nach Möglichkeit abzustützen, bis er in eine Krise stürzt, die alles in Frage stellt, auch wenn sie scheinbar nur die Kommunikation mit anderen zerstört. Es scheint so, als bliebe der Rückzug ins Private bis hin zur Resignation der einzige Weg angesichts der übergeordneten gesellschaftlichen Zwänge, denen man sich ausgeliefert weiß. Vielleicht fehlt uns eben doch Religion, wenn man so will: der Gegenzwang gegen andere Zwänge, aber ein Zwang, der sinnvolles Leben ermöglicht, sofern man nicht allein steht.

– Ich selbst bin so jemand. Ich weiß nicht, wer recht hat, die Bäuerin oder der aufgeklärte Atheist. Mit der Bäuerin möchte ich nicht tauschen, dem Utopisten mißtraue ich.

4. Perspektive ‚Neutralisierte Religion'
(Perspektive unterschiedener Gemeinsamkeit)

– Für die Bäuerin fällt Christsein und Zugehörigkeit einer bestimmten Kirche zusammen. Sie kann sich wahrscheinlich eine kritische Differenzierung zwischen Kirche und Kirche, Christsein und Christentum weder vorstellen, noch könnte sie dementsprechend ihren Lebensentwurf verändern. Das schließt nicht aus, daß auch sie bereits die christliche Tradition in einer reduzierten Gestalt übermittelt bekommen hat, aber sie selbst kann das nicht empfinden, weil die Gesellschaft, in der sie lebt, das ihr Übermittelte abstützt und sie sich so ihres Glaubens und ihrer Kirche gewiß sein kann.

– Die Situation heute hat sich demgegenüber grundlegend gewandelt. Christsein ist keine Selbstverständlichkeit mehr, und, was sich dem einzelnen als Christentum (in seiner eigenen ‚christlichen' Sozialisation oder als kirchlicher Einfluß auf ihn) präsentiert, ist etwas von seinem eigenen Leben Abgespaltenes oder scheint es doch zumindest zu sein. Für die meisten Zeitgenossen trifft das zu, was D. Stoodt über ‚neutralisierte Religion' sagt:

► 1 Unter „Religion" wird das *Christentum in seiner reduzierten Gestalt* verstanden, wie es heute in den Familien, in Traktaten und Zeitungen tradiert wird und als eine Fülle von Residuen in älteren und jüngeren Menschen aufbewahrt wird.
2 *Reduziert* ist die Gestalt des Christentums als die heute auffindbare Religion, insofern seine Lehren Hülsen ohne explizite Bedeutung sind, seine Impulse kaum noch eine positive, konstruktive und projektive Kraft haben.
3 Indem *„Technik und Wissenschaft als Ideologie"* ihren lange vorbereiteten Siegeszug angetreten haben, werden Scheingewißheiten an die Menschen herangebracht, die den massenhaften Verlust innerer Gewißheiten erst recht verdecken.
4 Für viele ist dieses Christentum, „die Religion" in unserem Material, eine unbegriffene *ideologische Hülle;* seine *Symbole* haben vom verdinglichten Bewußtsein aus geurteilt keinen einlösbaren Wahrheitsanspruch mehr.
5 Diese Religion „kommt vor", aber *neutralisiert,* d.h. um die positive Wirkung ihrer Impulse gebracht und ohne in persönlicher Glaubens-

erfahrung erlebt zu werden. Man hat wenig von ihr, ist sie aber nicht losgeworden. Sie begünstigt die Vorurteilsbildung.

6 Neutralisiert nennen wir diese Religion nicht, weil sie etwa keine Wirkungen mehr hätte, sondern weil sie *um die Wirkungen ihrer selbst gebracht* ist; dieses Faktum ist allerdings sehr folgenreich und wirkungsvoll. ◄

(Aus: Dieter Stoodt „Religiöse Sozialisation," in: Dahm/Luhmann/Stoodt „Religion-System und Sozialisation", Darmstadt, Neuwied 1972, S. 220–221)

Wenn dem so ist, dann hätte das Konsequenzen sowohl allgemein im Hinblick auf das Verhältnis von Religion und Zwänge als auch konkret im Hinblick auf die private Existenz des einzelnen:

– *(allgemeine Konsequenzen)*
  Christentum in der Form neutralisierter Religion darf nicht verwechselt und identifiziert werden mit dem, was Christsein im Ursprung und im Kern bedeutet und ausmacht. Was in der Neutralisierung als Zwänge schaffend und verstärkend erscheint, muß daraufhin befragt werden, ob es primär oder sekundär ist, ‚Wesen' oder ‚Reduktion'. Es ginge also darum, die Wirkungen von den Ursprüngen zu trennen und die Frage nach ‚Zwängen' jeweils gesondert zu stellen. Ein solcher Reflexionsprozeß wird die reduzierte Gestalt des Christentums nicht weginterpretieren können und wollen, er wird sie aber wohl relativieren können und müssen. Das führt zweifellos zu einer kritischen Einstellung (Distanz) zur Kirche, muß aber nicht bedeuten, daß Kirche negiert wird, man sich also der Illusion hingibt, man könne das Christsein rein verwirklichen, also auf die Gemeinschaftsbasis der Kirche (auch in ihrer reduzierten Gestalt) verzichten. Nach P. Tillich (‚Protestantisches Prinzip und proletarische Situation') gehört es „zum Wesen des Protestantismus, daß er immer auch über seiner religiösen und konfessionellen Wirklichkeit stehen, daß er nicht völlig mit irgendeiner seiner geschichtlichen Teilformen identifiziert werden kann". „Das protestantische Prinzip enthält (dementsprechend) den göttlichen und menschlichen Protest gegen jeden absoluten Anspruch, der für eine bedingte Wirklichkeit erhoben wird, auch dann, wenn dieser Anspruch von der protestantischen Kirche selbst ausgeht. Das protestantische Prinzip ist der Richter jeder religiösen und kulturellen Wirklichkeit, einschließlich der Religion und Kultur, die sich selbst protestantisch nennen."

  Das alles setzt voraus, daß es diese nichtreduzierte Gestalt des Christentums (Christseins) nicht nur gibt, sondern daß man sie auch explizieren kann, daß man also das Eigentliche ermitteln, positiv umschreiben und aus ihm Impulse für das eigene Leben gewinnen kann. Auf die Schwierigkeiten hermeneutischer Art, die dabei auftreten und zu beachten sind, kann hier nicht näher eingegangen werden. Es soll lediglich durch Ausführungen (Zitate) von W. Lohff ein Interpretationsmuster vorgestellt werden, das von den zentralen ‚Symbolen' des christlichen Glaubens ausgeht und einige Relevanz für sich beanspruchen kann:

▶ Im Folgenden soll versucht werden, die vorgetragenen Überlegungen im Blick auf die Glaubenslehre zu konkretisieren, indem die Bedeutung exemplarischer Aussagen des christlichen Glaubens für menschliches Selbstverständnis und ethische Praxis aufgewiesen wird. Traditionell sind es vier Problemkreise, in denen die Bestimmung des Menschen gedacht worden ist:

a) Die Glaubenslehre handelt grundlegend von einer Bestimmung des Menschen, die jedem Menschen gilt. Auf diesen Problemkreis beziehen sich die Symbole der Schöpfung.

b) Die Glaubenslehre handelt aufgrund dieser ersten Aussage über die Verfehlung dieser Bestimmung durch den Menschen und hat damit die Erfahrung der „Entfremdung" geschichtlich gedeutet und geprägt. Auf diesen Problemkreis beziehen sich die Symbole von „Fall" und „Sünde".

c) Die Glaubenslehre handelt von der Verheißung der Überwindung der Entfremdung, von der alles Bemühen um heilsame Gestaltung des menschlichen Daseins getragen sein soll. In diesen Problemkreis gehören die Symbole von „Versöhnung" und „Gnade".

d) Die Glaubenslehre handelt von der Hoffnung auf Vollendung des Menschseins und deutet damit die Erfüllung der menschlichen Bestimmung auch angesichts der Erfahrung menschlichen Scheiterns in den Grenzsituationen. In diesen Problemkreis gehören die Symbole der eschatologischen Hoffnung: „Unsterblichkeit", „Auferstehung". ◀

▶ Unsere Interpretation der Grundsymbole des christlichen Glaubens hat sich demgegenüber bemüht zu zeigen, daß die Symbole nicht repressiv sind, d.h. sie unterdrücken nicht die Selbständigkeit und Mündigkeit des Menschen, sondern motivieren und evozieren sie gerade in der rechten Weise, da sie die Existenzbedingungen menschlicher Freiheit aufzeigen:

1. Menschliche Freiheit ist bedingt durch die Hinnahme der unverfügbaren Ursprungsbedingungen menschlicher Existenz und durch die Teilnahme am Kampf für eine Ordnung menschlichen Lebens, die relative Freiheit des Einzelnen ermöglicht (Schöpfung, Gottebenbildlichkeit).

2. Die Möglichkeit menschlicher Freiheit hängt ab von der Sensibilität für das, was Freiheit und Heil verhindert; es darf nicht hinwegdisputiert werden (Sünde, Entfremdung).

3. Menschliche Freiheit hängt ab von der Bereitschaft und Fähigkeit von Menschen, unbedingte Kommunikation zu üben, anderen Menschen die Möglichkeit selbständiger Existenz vorweg zu gewähren (Versöhnung).

4. Menschliche Freiheit hängt ab von der Bereitschaft, die Grenzen der individuellen Freiheit, die Grenzsituationen, das absolute Schei-

tern ernst zu nehmen, sie in den Horizont der Lebensbedingungen aufzunehmen (Erlösung). ◀

(W. Lohff, Glaubenslehre und Erziehung, Göttingen 1974, S. 32 und 65f.)

Christentum (Christsein) positiv (nicht-reduziert) ist in diesem Interpretationshorizont also etwas, was Zwänge gerade aufheben helfen kann (= struktureller Aspekt), was ermöglicht, mit Zwängen zu leben, ohne ihnen zu verfallen und ohne zu verzweifeln (= existentieller Aspekt), was Potential zur Veränderung von Umwelt und Gesellschaft freisetzt (= utopischer bzw. eschatologischer Aspekt).

- *(private Konsequenzen)*
  Für den einzelnen ergibt sich aus der angedeuteten Spannung von neutralisierter Religion und nichtreduzierter Gestalt des Christentums die Konsequenz, die Deformationen, die neutralierte Religion durch Sozialisation und Internalisierung in ihm hervorgerufen hat und die das Ursprungspotential christlichen Glaubens nur in verschütteter Form aufbewahren, aufzuarbeiten, etwas, was sich leichter sagen als tun läßt und von dem manch einer meint, daß er es gar nicht zu wollen brauche.
  Aufarbeitung meint:
  Bewußtmachung, ein Prozeß, der eine kontinuierliche Anstrengung des Reflektierens und in sich Hineinhörens erfordert und in dem immer wieder Mechanismen der Verdrängung und Verleugnung überwunden werden müssen;
  schrittweises Sich-Lösen, ein Prozeß, der schmerzt, der ängstigt und der enorme Anforderungen an die Selbstdisziplin stellt;
  Transponierung in einen neuen Lebensmodus, ein Prozeß, der Phantasie und Realitätssinn braucht, in dem es letztlich darum geht, über bloße Negierung hinauszukommen, mit sich selbst trotz Ablösung identisch bleiben zu können.
  Das wird man sicherlich nur bedingt allein können, man braucht den Diskurs, die Bestätigung und Hilfe anderer sowie Identifikationsmuster. Wer sich jedoch in diesen Prozeß der Aufarbeitung einläßt und ausreichende Unterstützung findet, dem eröffnet sich die Chance, christlichen Glauben nicht (mehr) als etwas Zwanghaftes und von ihm selbst Abgespaltenes zu erfahren, sondern als etwas, was stabilisieren kann, was Orientierung und Lebenssinn ermöglicht, was Veränderung provoziert (oder wie das jeder selbst ausdrücken will). Andererseits wird so jemand aber auch nicht mehr bereit sein, Religion in ihrer neutralisierten Form als etwas scheinbar Unabänderliches hinzunehmen, er wird, gerade weil er weiß, daß Religion sich materialisieren muß z.B. in so etwas wie Kirche und damit notwendig einem Reduktionsprozeß erliegt, auf eine über seine Person hinausgehende und auch die Institution Kirche einbeziehende Aufarbeitung aussein.
- Die Alternative unter den gegenwärtigen Bedingungen von Religion/Christentum kann nicht sein: Entweder du bist so wie die Bäuerin

oder du bist kein Christ (mehr). Wer seine Lebenswirklichkeit wie die Bäuerin definiert sieht und wer ihre Lebensvorstellungen und -erwartungen als Identifikationsmodell auch für unsere Zeit versteht, der begäbe sich in eine kognitive Minderheit (P.L. Berger), der vermöchte nur rudimentär zu leben, der machte sich selbst inkommunikabel und der könnte sich letztlich nur sektiererisch behaupten. Es ginge stattdessen darum, neue Orientierung aus den Impulsen des Evangeliums zu finden, innerhalb konkurrierender Sinngebungen einen Lebenssinn zu erproben, der frei macht zum Handeln innerhalb einer Welt von Zwängen. Es ginge also darum, der Bäuerin unter den veränderten Bedingungen unserer Zeit vergleichbar zu werden.

2.6 „Hollywood-Star Marilyn Monroe“

► „Wir fangen an, sie ernst zu nehmen“. „Zehn Jahre nach ihrem Tod hat Marilyn Monroe wieder zu leben begonnen“ – eine von vielen Stimmen zu der Neuentdeckung und Neubewertung von Hollywoods letztem Sex-Idol, die sich gegenwärtig vollzieht. Unter den neuen Monroe-Fans: „Women's Lib“, Amerikas Frauenbefreierinnen. Sie ehren Marilyn als Männer-Opfer.

„Bitte, machen Sie keinen Witz aus mir“, so hatte Marilyn Monroe – kurz bevor sie sich mit einer Überdosis Schlaftabletten das Leben nahm – ihren letzten Interviewer gebeten. Sie wünschte, „Life“ solle das Interview mit ihrem Bekenntnis zur Brüderlichkeit aller Menschen enden lassen: „Was die Welt am meisten braucht, ist ein Gefühl von Wärme und Verwandtsein“; sie wollte ernst genommen werden.

Ihre Bitte wurde erfüllt – nicht von „Life“, nicht damals, sondern richtig erst in diesen Tagen: Zehn Jahre nach dem bitteren Ende des Hollywood-Stars, der das Ende von Hollywoods Star-System signalisierte, nimmt die Welt Marilyn ernst. In Presse und Kunst, in Bild und Wort: Ein Star wird wiedergeboren – als „tragischer Star“, so „Life“ jetzt.

Sowohl die große US-Illustrierte wie auch Frankreichs „Paris Match“ und das „Women's Lib“-Magazin „Ms.“ erinnerten sich der Unglücklichen in den letzten Wochen und setzten sie aufs Titelblatt. In „McCall's Magazine“ veröffentlichte der Monroe-Freund Norman Rosten einige Proben eines bislang unbekannt gebliebenen Monroe-Talents: Gedichte von Marilyn. Eines, kurz vor ihrem Tod verfaßt, lautet: „Hilfe, Hilfe / Hilfe, ich fühle das Leben näherkommen / Während ich mir nur eines wünsche: zu sterben.“

Selber war sie schon seit längerem ein lyrischer Gegenstand, eine Dramenfigur, ein Kunst-Sujet geworden: Salvador Dalí collagierte ihr Porträt mit dem Maos, Andy Warhols multiple Marilyn trägt – fast eine neue Unbekannte von der Seine – heute an zahllosen Zimmerwänden zum Schöner Wohnen bei. Die deutsche Schriftstellerin Gerlind Reinshagen brachte „Leben und Tod der Marilyn Monroe“ auf die Bühne, vor der Warhol-MM im Bühnenbild. Und soeben erschien ein Gedicht-

band des nikaraguanischen Autors Ernesto Cardenal in Deutschland: „Gebet für Marilyn Monroe“.
Marilyn, die „Sex-Göttin“ der fünfziger Jahre, die 96-58-91-Blondine mit dem legendären Hüftschwung, das Pin-up-Girl mit der Piepsstimme, das traumfabrizierte Schauobjekt und die leibhaftige Truppenbetreuerin im Korea-Krieg, sie wurde nach ihrem Tod auch zum Objekt intellektueller Lust an den Wonnen der Gewöhnlichkeit, ein ästhetisch verfremdeter Trivialmythos. „Marilyn Monroe“, schrieb „Time“, „ist ins Pop-Pantheon der Nostalgie gelangt.“
Dort ist nun der „tragische Star“, der „Star mit dem Herzen eines Kindes“ („Paris Match“), die Frau, deren dritter Mann Arthur Miller heimlich über sie Tagebuch führte und deren zweiter Mann, der Baseball-Spieler Joe di Maggio, ihr jede Woche dreimal Rosen aufs Grab legen läßt, neu zu besichtigen und auch „Marilyn Monroe, die Legende und die Wahrheit“:
Unter diesem Titel wurde vor kurzem in einer Kunstgalerie in Los Angeles eine von dem Journalisten Larry Schiller arrangierte Ausstellung mit 185 Monroe-Photos von 15 prominenten Photographen eröffnet. 30 Kopien der gesamten Schau sollen demnächst durch Amerikas Städte wandern. Am Eröffnungstag in Los Angeles bestellte ein Besucher für über 5000 Mark Abzüge von den ausgestellten Bildern – Wandschmuck für seine Wohnung.
Solche Sympathiebeweise sind wohl noch eher der traditionellen, unreflektierten Fan-Mentalität zuzurechnen. Auch ein jetzt in den USA erschienenes Buch „Herzlichst Marilyn Monroe“, in dem behauptet wird, Marilyn habe nicht Selbstmord begangen, sondern sei ermordet worden, trägt mehr zur neuen Monroe-Publizität als zum neuen, „tragischen“ Monroe-Image bei.
Gewiß ist die Monroe-Renaissance auch Teil der allgemeinen Rücksehnsucht nach den fünfziger Jahren, die Amerika durchzieht und bereits Mode gemacht hat (Spiegel 33/1972). Aber gerade so, als problemlos-pralles Sex-Souvenir, soll sie, „die Frau, die zu früh starb“, heute nicht gesehen werden – so will es „Ms.“, das Organ der amerikanischen Frauenbefreiungs-Bewegung.
„Zehn Jahre nach ihrem Tod“, schreibt die „Ms.“-Autorin Gloria Steinem, „hat Marilyn Monroe wieder zu leben begonnen. Frauen sehen ihr Leben und Werk mit neuen Augen. Sie besaß das Potential, eine der mächtigsten Frauen dieses Jahrhunderts zu sein, aber sie konnte diese Macht noch nicht einmal dazu gebrauchen, sich selbst zu helfen. Endlich fangen wir an, sie ernst zu nehmen.“
Marilyn, das Opfer von „Sexploitation“, von männlich-kapitalistisch-kulturindustrieller Ausbeutung: Marilyn, die als Sex-Symbol entfremdete Frau – ist das die Rolle, die endlich ernste, in der sie nun weiterleben wird? ◀

DER SPIEGEL, Nr. 40, 1972, S. 150 und 153)

„Wir fangen an, sie ernst zu nehmen" – Eben nicht!

‚Jemanden-Ernst-Nehmen', das heißt jemanden als ‚Person' ernst nehmen, als dieses unverwechselbare ‚Ich' sehen, das unter Zwängen leidet, das Augenblicke des Glückes erlebt, das sich selbst verfehlt.
Soweit man sehen kann, ist das weder in dem Spiegel-Artikel selbst – der insofern in sich bereits ein Dokument des Nicht-Ernst-Nehmens ist – noch in den meisten der in ihm resümierten und (perspektivenlos) kommentierten Aktivitäten der sogenannten Monroe-Renaissance der Fall. Das alles verbleibt weitgehend im Rahmen der Zwänge, denen sich Marilyn Monroe bereits während ihres Lebens ausgesetzt sah. Marilyn Monroe ist nachwievor *Objekt,*
– Objekt von Träumen,
– Objekt von Übertragungen,
– Objekt von Neugier,
– Objekt von Nostalgie,
– Objekt von Sexualität,
– Objekt von Vermarktung,
– Objekt von Vereinnahmung,
– Objekt von Mythisierung,
– Objekt von Ideologisierung
Die Vermutung drängt sich auf, als äußere sich in diesem Nicht-Ernst-Nehmen bei gleichzeitigem Nicht-Loskommen von der Symbolfigur Marilyn Monroe eine Art Panik, angesichts der Tatsache, daß ihr Selbstmord eine Konsequenz genau des Lebens ist, wie wir es organisiert haben und dessen Opfer wir zugleich sind. So wie Marilyn Monroe müßten eigentlich alle enden. Das Erschrecken davor führt zum Verstummen (zur Verdrängung) oder zur Mystifikation (zu Abwehrmechanismen).
Es fehlt (uns) offensichtlich eine *befreiende* Perspektive, um aus dem Teufelskreis der Zwänge, für die das Leben der Monroe auch nach ihrem Tode exemplarisch ist, herauszukommen. Es scheint stattdessen so, als ob innerhalb des Denkens in und aus Zwängen immer nur neue oder dieselben Zwänge erscheinen (können/müssen), sich also der Zwangszusammenhang von Erleiden und Produzieren fortwährend reproduziert, ohne daß eine Perspektive der Hoffnung gegen Zwänge oder innerhalb von Zwängen sichtbar würde.

„Wir fangen an, sie ernst zu nehmen" – Vielleicht!

Ich meine, daß E. Cardenal in seinem „Gebet für Marilyn Monroe" eine solche befreiende Perspektive gefunden hat und daß er dadurch in der Lage ist, nicht nur Gewohntes (Bekanntes) in einer neuen Optik zu sehen, sondern auch Verschüttetes (außer Sicht Geratenes) wiederzuentdecken. Diese befreiende Perspektive resultiert aus folgender Annahme, die für Cardenal jedoch den Charakter von Wirklichkeit (Gewißheit) hat: Gott nimmt diese Marilyn Monroe unendlich ernst, und weil das so ist, können auch wir diese Marilyn Monroe und damit uns selbst wirklich ernst nehmen.

Ernesto Cardenal: Gebet für Marilyn Monroe

▶ Herr,
nimm dieses Mädchen auf, das die ganze Welt kannte als Marilyn Monroe,
obwohl dies nicht sein wirklicher Name war
(doch Du kennst seinen Namen, den Namen des Waisenkindes,
das vergewaltigt wurde mit 9 Jahren,
den Namen der kleinen Verkäuferin, die mit 16 versuchte
ihrem Leben ein Ende zu machen),
dieses Mädchen, das jetzt vor Dir steht
ohne Make-up,
ohne Manager,
ohne Fotografen,
das keine Autogramme mehr gibt,
das einsam ist wie ein Astronaut vor der Nacht des Universums.

Als Kind träumte sie, daß sie nackt in einer Kirche stand
(so stand's in der TIME)
vor einer knieenden Menge, die Köpfe geneigt bis zur Erde,
und sie mußte auf Zehenspitzen gehen, um die Köpfe nicht zu zertreten.
Du kennst unsere Träume besser als alle Psychiater.
Kirche, Haus, Höhle – das bedeutet die Sicherheit
des mütterlichen Schoßes,
aber doch auch mehr als das . . .
Die Köpfe – das sind die Bewunderer, das ist klar
(die Masse der Köpfe in der Dunkelheit, erhellt von einem Lichtstrahl),
doch der Tempel ist keins der Studios der 20th Century-Fox.
Der Tempel – Heiligtum aus Marmor und Gold – ist der Tempel ihres Körpers.
Und dort steht der Menschensohn mit einer Peitsche in der Hand
und treibt sie aus, die Händler der 20th Century-Fox,
die Sein Bethaus zu einer Räuberhöhle machten.

Herr,
in dieser Welt, die verseucht ist von Sünde und Radioaktivität,
spricht du eine kleine Verkäuferin nicht schuldig,
die wie alle kleinen Verkäuferinnen davon träumt, ein Filmstar zu sein.
Ihr Traum wurde Wirklichkeit (doch eine Wirklichkeit in Technicolor),
sie agierte nur nach dem Script, das wir ihr gaben
– das Script unserer eigenen Leben – und es war ein absurdes Script.
Vergib ihr, Herr, und vergib uns allen
unsere 20th Century-Fox,

diese Kolossal-Superproduktion, an der wir alle Anteil haben.
Sie hungerte nach Liebe, und wir boten ihr Beruhigungsmittel.
Gegen die Traurigkeit, nicht heilig zu sein,
empfahl man die Psychoanalyse.
Denk, Herr, an ihre wachsende Angst vor der Kamera,
an ihren Haß auf die Schminke – und sie schminkte sich für jede Szene,
und wie ihr Entsetzen immer größer wurde
und wie sie immer unpünktlicher in den Studios erschien.

Wie jede kleine Verkäuferin
träumte sie davon, ein Filmstar zu sein.
Und ihr Leben war irreal wie ein Traum, den der Psychiater
analysiert und zu den Akten legt.

Ihre Liebesabenteuer waren ein Kuß mit geschlossenen Augen
– und wenn man die Augen öffnet, merkt man, daß es nur ein
Filmkuß war.
Und dann löschen sie die Scheinwerfer
und demontieren die zwei einzigen Wände der Filmwohnung
(es war ein kinematografischer Set)
und der Regisseur geht mit dem Drehbuch davon,
denn die Szene ist abgedreht . . .
oder wie eine Kreuzfahrt auf einer Yacht, ein Kuß in Singapur,
ein Tanz in Rio,
der Empfang im Landhaus des Herzogs und der Herzogin von Windsor
– all das betrachtet in einem schäbig möblierten Zimmer.

Der Film ist aus – doch es gab kein Happy-End.
Man fand sie tot, den Hörer in der Hand.
Und die Detektive wußten nicht, mit wem sie sprechen wollte.
Es war
wie wenn jemand die Nummer der einzigen Freundesstimme wählt
und eine Stimme vom Tonband hört, die schnarrt: *Wrong Number*
oder wie wenn jemand getroffen von der Kugel der Gangster
die Hand ausstreckt nach dem Telefon, das nicht angeschlossen ist.

Herr,
wer es auch sei, den sie anrufen wollte
und nicht erreichte
(vielleicht war es auch niemand
oder jemand
dessen Nummer nicht im Telefonbuch von Los Angeles steht),
nimm Du den Hörer ab. ◀

(Tod in der Gesellschaft, Almanach 5 für Literatur und Theologie, Wuppertal 1971, S. 97–99)

Was ergibt sich daraus?
- Cardenal holt Marilyn Monroe aus der femdgesteuerten Selbstentfremdung, aus dem Zirkel von Mystifizierung, Verdinglichung und Selbsttäuschung heraus und gibt ihr ihren ‚wirklichen Namen' zurück, und zwar in dem Wissen, daß vor Gott dieser wirkliche Name zählt (→ Perspektive der Individuation und der Geschöpflichkeit).
- Cardenal sieht Marilyn Monroe primär unter dem Aspekt des Opfers. Ihre Leiden, ihre Verzweiflung, aber auch ihre Sehnsucht nach einem anderen Leben haben für Cardenal den höheren Wirklichkeitsgrad als ihre Träume, Wünsche und Illusionen (→ Perspektive der leidenden Kreatur).
- Cardenal deckt schonungslos (und damit ganz konkret) die Zwänge auf, innerhalb derer Marilyn Monroe so geworden ist, wie sie war. Innerhalb dieser Zwänge gibt es kein Entrinnen, weder für die Opfer noch für die Schuldigen, die selbst Opfer sind (→ Perspektive des Gesetzes, des unumgänglichen Stoßens an die eigenen Grenzen).
- Cardenal begnügt sich nicht mit einer Konstatierung der sich selbst erzeugenden Zwänge, sondern er verbindet sie mit Menschen und damit mit der Möglichkeit des Schuldigwerdens. Die Zwänge – das sind immer auch wir, und nicht irgendwelche Anonymitäten, die sich einer Legitimation und des Behaftetwerdens entziehen könnten (→ Perspektive der Schuld/Sünde und des Gerichtes).
- Cardenal umfaßt das alles in der Form des Gebets. Was übrig bleibt ist Klage, Mitleiden und Fürbitte. Für Cardenal ist Marilyn Monroe, sind wir, ist unsere Welt von Gottes befreiendem Handeln umfangen, und zwar in der Wirklichkeit der Hoffnung. (→ Perspektive des Evangeliums, der Erlösung)
- Das „Gebet für Marilyn Monroe" ist ein Akt stellvertretenden Handelns. Es ist nicht nur ein Gebet für Marilyn Monroe, sondern auch ein Gebet Cardenals und ein Gebet für alle, die es lesen (nachsprechen). Indem Cardenal stellvertretend so (zu Gott? zu uns und für uns?) spricht, eröffnet er eine befreiende Reflexion, die zum Handeln aus Klage freimachen kann (→ Perspektive des befreiten Handelns).

2.7 Spielmaterial

Vorbemerkung

Während die in 1.3 abgedruckten Materialien die Funktion hatten, Assoziation zu provozieren, die Breite der Wirksamkeit von Zwängen anzudeuten und eine erste Reflexion über Zwänge zu initiieren, sind die in diesem Abschnitt angebotenen Texte im Zusammenhang der Konkretionen des 2. Kapitels zu sehen, also als *‚Fälle'* zu verstehen und zu interpretieren. Das meint:
- Die jeweiligen Materialien sind Verdichtungen und Versammlungen

von Realität, sie können stellvertretend Erfahrung vermitteln und ermöglichen es, daß man eigene Erfahrungen in ihnen wiederfinden kann oder in sie hineinprojiziert;
- Sie sind in ihrer Spiegelung von Realität komplex und mehrschichtig, verkürzen also Erfahrung nicht auf nur eine oder wenige Perspektiven, sondern repräsentieren im Ausschnitt und in der Brechung eines Mediums das Ganze der Realität;
- Sie sind je nach Perspektive, Standort und mitgebrachten Erfahrungen des Betrachters unterschiedlich interpretierbar, ermöglichen aber immer auch einen Diskurs über die jeweiligen Interpretationsakzentuierungen, insofern sie Überschießendes und sich nicht reibungslos Einzuordnendes transportieren.

Der Zusammenhang mit der Thematik ‚Zwänge' liegt bei den angebotenen Materialien nicht immer auf der Hand, er ist vielmehr bei manchen dieser ‚Fälle' erst in einem interpretativen Prozeß zu ermitteln. Das entspricht jedoch der Verdecktheit und Kompliziertheit vieler Zwänge in den jeweiligen Lebenszusammenhängen.

Vielleicht reizen die dargebotenen Materialien den Leser dazu, sie analog den entfalteten Fällen in 2.1–2.6. zu bearbeiten, und zwar mit je eigener Akzentsetzung und ohne daß die Interpretationsrichtung vorgegeben wäre. Vielleicht verleiten sie aber auch dazu, neue und andere Fälle aufzusuchen oder selbst zu ‚konstruieren' und so das Spektrum an Realität, die auf Zwänge hin und unter der Perspektive von Zwängen interpretiert werden kann, zu erweitern.

Stummer Monolog am Bett eines vier Monate alten Kindes:

► „Ich bin Dein Vater, Deine Mutter, oder ein anderer, der Dich pflegt. Ich bin wichtig für Dich. Ich bin für Dich da. Du bist mein Kind. Ich beschütze Dich, und ich hab Dich lieb. Du bist ganz neu, ein Erlebnis, eine Liebe, eine Forderung. Du weißt noch nicht, daß Du wichtig bist, weil Du atmest, lächelst, spielst – wichtig für Dich, für mich, für andere, für viele. Jeder Mensch strahlt von seinem Zentrum über sich hinaus ins Weite. . . Noch entscheide ich vieles für Dich – nicht alles. Ich nehme Dich in meine Arme und wiege Dich. Ich gebe Dir zu trinken, zu essen, ich besorge und umsorge Dich. Ich lächle Dich an.

Über manches entscheidest Du schon selbst: Ob Du ißt, trinkst, schreist, lächelst, Dich zuwendest, Deine Füße mit Deinen Händen suchst. Du schreist oft. Manchmal sagst Du Töne. Ich versuche, Deine Sprache zu verstehen. Wenn ich mich täusche und Dich füttere, wenn Du getragen werden willst, oder ich Dich trage, wenn Du trinken möchtest, bringe ich etwas in Dir in Unordnung. Ich möchte Dich verstehen und Deine Ordnung nicht stören. Ich kann es nicht immer; wir sind nicht im Paradies. Du mußt weinen – wie ich.

Ich spreche Dich an, Du hörst gut zu. Bald wirst Du meine Sprache verstehen, weil ich wichtig für Dich bin; und in Dir sagt etwas, daß Du sprechen willst. Du willst hören, ich will sagen. Meine Sprache wird Deine Sprache sein, für Deine Gedanken. Dies ist mein Einfluß auf Dich, meine Sprache, mein Lächeln, meine Art, Dich zu lieben und Dir manchmal böse zu sein – dies ist Dein Schicksal. Später wirst Du lieben, wenn Du lieben willst, um Dich und in Dich sehen, tun, was Du tun willst. Und ein wenig von mir wird immer in Dir sein. –" ◀

(Ruth C. Cohn, Von der Psychoanalyse zur themenzentrierten Interaktion, Klett, Stuttgart 1975, S. 179)

Papa hat nichts gegen Italiener

▶ *Vater und Sohn sind allein.*

SOHN: Papa, Charly hat gesagt, sein Vater hätt was gegen Italiener.

VATER: So? Letzte Woche hast du's doch noch ganz anders erzählt.

SOHN: Das war vielleicht vorher. Bevor Charlys Vater Vincenzo kennengelernt hat.

VATER: Und wer ist das – Vincenzo?

SOHN: Vincenzo? Ein Italiener. Der trainiert immer mit uns auf dem Bolzplatz.

VATER: Und Charlys Vater mag diesen Vincenzo nicht?

SOHN: Er hat gesagt, er will mit diesem Makkaronifresser nicht an einem Tisch sitzen. Charlys Mutter hat aber nichts gegen Vincenzo.

VATER: Und was sagt dieser Ma – und was sagt dieser Vincenzo dazu?

SOHN: Nichts. Er sagt, wenn Charlys Vater was gegen ihn hat, dann will er sich auch nicht aufdrängen, dann bleibt er eben zu Haus. Vincenzo hat nur ein ganz kleines Zimmer, sagt Charly, da ist nicht mal 'ne Heizung drin. Aber er muß eine Menge Geld dafür bezahlen – das machen die Leute hier mit allen Gastarbeitern so.

VATER: Tja – meistens haben diese Gastarbeiter aber selbst schuld. Sie brauchten doch diese Wucherpreise nicht zu zahlen.

SOHN: Charly hat gesagt, sonst kriegen die überhaupt keine Wohnung. Die meisten Leute hier mögen Italiener nicht. Du hast doch nichts gegen Italiener, Papa, oder?

VATER: Was sollte ich gegen Italiener haben?

SOHN: Was haben die Leute denn gegen die Italiener?

VATER: Die Leute sind eben der Meinung, daß Italiener und Türken und so weiter nicht viel taugen.

SOHN: Und was denkst du von den Italienern?

VATER: Nichts. Was soll ich denn schon von ihnen denken!

SOHN: Man müßte viel mehr für die Italiener tun, sagt Charly.

VATER: Dann sag du Charly mal, es genügt nicht, daß man so etwas sagt – besser ist, man hält den Mund und tut etwas für sie.

SOHN: Tust du denn etwas für die Italiener, Papa?

VATER: Ich kann nichts für sie tun, weil ich keine Italiener kenne. Außerdem sind Italiener nicht die einzigen Gastarbeiter in der

Bundesrepublik! Ich hab mich neulich zum Beispiel sehr nett mit einem türkischen Ehepaar unterhalten.

SOHN: Und hast du auch was für die getan?

VATER: Ich kann doch nicht für jeden, den ich zufällig treffe, gleich was tun! Wie stellst du dir das denn vor? In gewisser Weise hab ich schon etwas für sie getan.

SOHN: Wie denn?

VATER: Ich habe sie wie Gäste behandelt.

SOHN: Wie denn?

VATER: Frag doch nicht so dumm! Wie behandelt man Gäste?

SOHN: Weiß ich nicht.

VATER: Gäste behandelt man höflich.

SOHN: Wie ist man denn, wenn man höflich ist?

VATER: Man vermeidet es, seine Überlegenheit zu zeigen, man benimmt sich taktvoll. Mir ist es zum Beispiel nicht in den Sinn gekommen, diesen Türken zu zeigen, daß ich mehr kann und weiß als sie.

SOHN: Weißt du denn mehr als die?

VATER: Natürlich weiß ich mehr als sie.

SOHN: Woher weißt du denn, daß du mehr weißt?

VATER: Weil ich als Beamter eine höhere Bildung besitze als türkische Fabrikarbeiter, das leuchtet vielleicht sogar dir ein.

SOHN: Wie es das denn, eine höhere Bildung?

VATER: Na, wenn man sich zum Beispiel gewählt ausdrückt, wenn man gutes Deutsch spricht.

SOHN: Sprichst du auch besser Türkisch als die Türken, Papa?

VATER: Unsinn, ich spreche überhaupt nicht Türkisch.

SOHN: Dann sind die Türken ja vielleicht auch gebildet. Und du merkst das bloß nicht, weil du ja nicht Türkisch sprichst. Oder?

VATER: Nein, diese Türken waren nicht gebildet.

SOHN: Haben die dir das gesagt?

VATER: Das habe ich gesehen. Schluß jetzt!

(Pause)

SOHN: Du, Papa, Charly hat gesagt, zwischen einem Türken und einem Italiener, da merkt man manchmal gar keinen Unterschied.

VATER: Möglich. Ich hab noch nicht drauf geachtet.

SOHN: Merkt man zwischen einem Deutschen und einem Italiener auch keinen Unterschied?

VATER: Die Frage kannst du dir doch selbst beantworten. Seh ich etwa aus wie Vincenzo?

SOHN: Nö, du bist dicker.

VATER: Darum geht es ja gar nicht! Die Deutschen sind meistens groß und hellhäutig, die Italiener sind klein und dunkelhäutig.

SOHN: Vincenzo ist aber gar nicht klein.

VATER: Dann ist Vincenzo eben eine Ausnahme. Ich möchte zum Beispiel kein Italiener sein.

SOHN: Warum denn nicht? Wenn einer nicht so weiße Haut hat, das find ich aber viel schöner.

VATER: Auf das Aussehen kommt es ja überhaupt nicht an.

SOHN: Auf was denn? Du? Papa?

VATER: Auf das, was jemand darstellt.

SOHN: Was stellst du denn dar, Papa?

VATER: Solch eine blöde Frage beantworte ich nicht.

SOHN: Ich glaube, Mama findet Italiener auch viel schöner.

VATER: Mama? Mama würde sich schön bedanken, wenn sie mit einem Italiener verheiratet wäre.

SOHN: Warum denn?

VATER: Weil ein Italiener ihr nicht das alles bieten könnte, was ihr Leben jetzt so angenehm macht.

SOHN: Warum denn nicht?

VATER: Dir ist doch sicher schon aufgefallen, daß Mama besser angezogen ist als zum Beispiel Charlys Mutter und viele andere Frauen.

SOHN: Nö.

VATER: Sie ist aber besser angezogen. Deine Mutter ist eine gepflegte Frau.

SOHN: Wenn sie mit einem Italiener verheiratet wär, wär sie dann keine gepflegte Frau?

VATER: Wenn sie mit einem Italiener verheiratet wäre, könnte sie nicht so hübsche Kleider tragen und nicht jede Woche zum Friseur gehen.

SOHN: Warum denn nicht?

VATER: Weil das zu teuer wäre.

SOHN: Würde der Italiener denn nicht so viel Geld verdienen wie du?

VATER: Nein, er würde vermutlich nicht so viel Geld verdienen.

SOHN: Warum denn nicht?

VATER: Weil die Italiener nicht so fleißig sind wie die Deutschen.

SOHN: Warum sind die denn nicht so fleißig?

VATER: Das liegt an ihrer Mentalität, an ihrer geistigen Einstellung.

SOHN: Aber wenn die keine Lust zum Arbeiten hätten, dann würden die doch gar nicht herkommen, oder?

VATER: Sie kommen nicht, weil das Arbeiten ihnen Spaß macht, sondern weil sie Geld verdienen wollen, und das möglichst schnell und möglichst viel.

SOHN: Vincenzo hat gesagt, wenn alle Italiener auf einmal aufhörten, hier zu arbeiten, dann würden wir ganz schön in der Tinte sitzen. Stimmt das denn nicht?

VATER: Nein, so wie Vincenzo es sagt, stimmt es nicht.

SOHN: Charly hat gesagt, wir würden im Dreck umkommen, wenn wir die Gastarbeiter nicht hätten.

VATER: Früher hat hier auch ohne Gastarbeiter alles vortrefflich geklappt. Da hatten wir allerdings auch noch eine andere Regierung.

SOHN: Vincenzo hat gesagt, heutzutage will kein Deutscher mehr Dreckarbeit machen.

VATER: Dann muß man eben durch Fleiß so weit vorankommen, daß man es sich leisten kann, andere den Dreck wegschaffen zu lassen – damit muß Vincenzo sich eben abfinden.

SOHN: Aber wenn die Deutschen jetzt noch ihren ganzen Dreck allein wegmachen müßten, würde denen das mehr Spaß machen als den Italienern?

VATER: Weiß ich nicht. Spaß macht so was nicht.

SOHN: Aber du hast doch vorhin gesagt, die Deutschen arbeiten lieber.

VATER: Das habe ich so nicht gesagt, nur sinnvolle Arbeit macht Spaß.

SOHN: Du, Papa, warum haben wir denn noch keinen Italiener?

VATER: Wir? Was sollen wir denn mit einem Italiener!

SOHN: Weil Mama doch sagt, sie wär nur dazu da, immer unseren Dreck wegzumachen.

VATER: Zu wem hat Mama das gesagt!

SOHN: Zu Vincenzo. . .

VATER: Mama zu Vincenzo. . .

SOHN: Und da hat Vincenzo gesagt, er würde gern den ganzen Dreck für Mama wegmachen, wenn Mama nur dabei zuguckt.

VATER: Wann hat Mama. . . Woher kennt Mama diesen Vincenzo denn?

SOHN: Von mir. Wir haben ihn mal auf der Straße getroffen, und da hat er zu Mama gesagt, er findet sie so schön, und er möchte mal eine neue Frisur an ihr ausprobieren. Weil er doch Friseur ist. Und da ist Mama mal hingegangen. Und sie hat zu mir gesagt, Vincenzo wäre der beste Friseur von der ganzen Welt. Und Sonntag . . .

VATER: Wie alt ist dieser Vincenzo eigentlich?

SOHN: Du, Papa, und Sonntag . . .

VATER: Ich hab dich was gefragt!

SOHN: Was denn?

VATER: Wie alt dieser Italiener ist.

SOHN: Weiß ich nicht. . .

VATER: Wo ist Mama?

SOHN: Die ist nicht da.

VATER *brüllt:* Das seh ich selbst. Ich will wissen, wo sie ist!!

SOHN: Die? Beim Friseur.

VATER: So Beim Friseur. Und wieso erfahre ich das erst jetzt?

SOHN: Du hast doch gesagt, du hast nichts gegen Italiener.

VATER *brüllt noch lauter:* Ich hab auch nichts gegen Italiener!

O sole mio ◀

(Aus: „Papa – Charly hat gesagt. . .“ (Gespräche zwischen Vater und Sohn) rororo Nr. 480/1849, Reinbek 1975, S. 39–46 (Margarete Jehn)

Monologe aus dem 5. Akt von „Der Stellvertreter“

▶ Den folgenreichsten Ereignissen und Entdeckungen unserer Zeit ist gemeinsam, daß sie die menschliche Vorstellungskraft überfordern. Keine Phantasie reicht aus, um Auschwitz oder die Vernichtung Dresdens oder Hiroshimas oder Erkundungsflüge im Weltall oder auch nur industrielle Kapazität und Geschwindigkeitsrekorde vor Augen zu führen. Der Mensch kann nicht mehr erfassen, was er fertigbringt.

Die Monologe

Der Alte:
Nicht im Waggon sterben, nicht vor den Augen der Enkel.
Längst hat die Angst ihr Gesicht ausgewischt,
ihre Fragen erstickt. Sie spüren, was ich nun weiß:
Das Ende der Fahrt ist auch unser Ende. –
Wo immer es sein wird, Du entsetzlicher Gott,
Dein Himmel ist über uns, und die Henker
Sind Menschen, von *Dir* ermächtigt.
Siehst Du ach zu? Ja, Du wirst zusehen. – So treu
Habe ich Dir gedient inmitten der vielen, die
Dich mißachteten, so gewiß war ich Deiner Allmacht:
Wie *konnte* ich zweifeln, Unbegreiflicher, daß
Du auch hier die Hände im Spiel hast! War
Mein Trost bis ins Alter nicht die Gewißheit,
Daß niemand, *niemand* Dir das Steuer entreißt?
Es ist dieser Glaube an Dich, der mich vernichtet. –
Laß Dich *warnen* um Deines Namens willen:
Zeige nicht Deine Größe, indem Du Kinder
Im Angesicht ihrer Mütter verbrennst, damit
Du in den Schreien der Gequälten Deinen Namen wiederhörst.
Wer könnte im Rauch der Krematorien
Deine Weisung zur Umkehr erblicken?
Du maßloser Gott – ist der Mensch Dir
Am ähnlichsten, wo er machtlos ist? Ist er
Ein solcher Abgrund von Ruchlosigkeit, weil Du
Ihn nach Deinem Bilde geschaffen hast? –
Ich kann nicht mehr hadern, Du Schrecklicher,
Nicht mehr beten, nur noch flehen:
Laß mich nicht im Waggon sterben,
Nicht vor den Augen der Enkel.

Die Frau:
Sie grinsten, als sie die Jäckchen und die Windeln
in meinem Koffer fanden. Sie hörten
höflich an, ich sei im achten Monat.
Und freundlich fragten sie nach meinem Mann. –
Als hätten sie dich nicht zwei Tage vorher
aus deiner Werkstatt weggerissen und die Treppe
hinabgestürzt, bis Blut aus deinem Mund kam.
Wie du dich umsahst – dein Gesicht. Ach wüßte ich,
was du noch sagen wolltest! Meintest du

unser Kind? *Was* meintest du?
Und wie sie lachten, wie sie lachten, als du
mir zuriefst, daß du wiederkämst.
Wie einig waren wir mit unserm Alltag, keinem
waren wir feind, wir freuten uns des schmalen
Küchenbalkons und suchten uns Sonne
auf der Piazza neben dem Traubenverkäufer und Kühle
im Stadtpark und am Sonntag Unterhaltung im Kino.
Und jetzt – *niemals* Familie, nie zu dritt sein!
Nie Essen und Gespräch am eigenen Tisch und einem Raum,
der uns schützt, und gefahrlose Wege und Träume
und täglich Milch und abends Licht und ein Bett
und den Mann, der seine Arbeit liebt und mir Trost gibt
und Wärme in der Nacht. Und Schutz.
Wir hatten vergessen, wie bedrohlich die Welt ist.
Wie bedroht schon das Kind im Leib seiner Mutter und
bedroht noch der Greis, der nur sterben wollte
in seinem Zimmer wie das weidwunde Tier im Dickicht
nach der Treibjacht des Lebens. – Wir sprachen immer
von dir, wir suchten dir Namen und kauften glücklich
Monat für Monat deine ersten Kleider, dein Körbchen.
Es kann nicht sein. Es kann *das* nicht geschehen.
Du lebst! – Ich spüre deine Hände, dein Herz.
In einem Monat kommst du auf die Welt,
dann bist du schutzlos!
Madonna, Mutter Gottes – laß *das* nicht geschehen!
Laß mir mein Kind noch – laß uns leben!

Das Mädchen:
Keine Hoffnung, Geliebter, daß du mich findest.
Kalt wie die Pracht in San Giovanni ist Gott.
Ihn rührt nicht, daß die Schwangere neben mir
niemals zur Mutter wird, daß ich dir niemals gehöre.
Gott ist kalt, die Hände werden mir steif, wenn ich sie falte.
Und die Götter der Alten sind tot wie ihre Sagen und wie
das antike Geröll im Museum des Vatikans, im
Beinhaus der Kunst. – Ach, sonst bliebe doch
Hoffnung, daß du mich findest, wie
Orpheus Eurydike fand.
Aber dieser Waggon ist kein Boot zum Hades.
Die Schienen nach Polen sind nicht der Styx. Selbst die
Unterwelt ist den Göttern entrissen und von Wächtern
besetzt, die ein Gesang nicht rührt.
Nie mehr wirst du mich finden, nie, solang du
auch suchst. Such nicht solange. Nimm ein Mädchen,
das dir mehr gibt als ich. Sei vergeßlich. Seid glücklich.

Und wartet nicht mit der Liebe! Liebende werden verfolgt,
sind immer gefährdet. Versäumt euren Tag nicht,
wie wir ihn versäumten in der Campagna.
Versäumt nicht den Abend am Meer,
wenn der Strand, der schwarze Sand von Ostia,
noch warm ist, ein Lager für euch.
Vergiß es nicht ganz, nicht so schnell:
Dunkel um uns und Schutz und
die Brandung, die unser Herz überschwemmte und
deine Worte, unsere zärtlichen Laute hinaustrug,
wo kein Mensch sie vernahm. Ich wurde an deinem
Körper so klein, geborgen wie nie mehr, geborgen –
und dein Mund brach mich auf. Ach, daß die Nacht,
die uns geschenkt war, uns dann doch nicht gehörte!
Warum – verzeih mir Liebster – wehrte ich
deinen Händen. Wärst du doch bei mir jetzt, ich bin
so entsetzlich verlassen. Doch wir versäumten die Stunde.
Wäre ich bei dir am Strand! Risse doch eine Sturmflut
uns hinaus in die Wellen, aber zusammen.
Ich bin so allein. Nimm noch einmal
Sand von Ostia in deine Hände und
wirf ihn ins Meer,
meine Asche, und ruf meinen Namen,
wie damals, in Ostia –◀

(R. Hochhuth, Der Stellvertreter, Rowohlt, Reinbek 1963, S. 178 und 179–182.)

Glück haben

▶ Dieses merkwürdig endende Selbstgespräch hörte ich auf der Gartenbank eines ländlichen Sanatoriums, welches gleichzeitig Altersheim war. Ich wartete damals auf einen Bekannten, den wir kurz vor dem Ende des letzten Krieges mit einem Nervenschock aus dem Keller seines Hauses gezogen hatten; sein Kopf ging wie ein Uhrenperpendikel immer ticktack hin und her . . . immer ticktack, ganz friedlich, ganz ruhig, niemand von uns (weder ich noch mein Mann, noch die Skatfreunde meines Bekannten) hätten sich drüber gewundert, wenn die Stunde gerade halb oder voll war, noch den Westminstergong zu hören – ticktack und den Westminstergong. Na ja. Aber diese Geschichte steht auf 'nem anderen Blatt.

Übrigens war die Heilanstalt ein wahres Paradies. Schöner Park, alte Bäume, das Haus dahinter ein märkisches Landschloß: zwei einfache Flügel und eine Freitreppe in der Mitte – bißchen kleiner, wäre es ein Wohnhaus in Caputh oder Bernau gewesen. Wie gesagt, es war wirklich ein Paradies, wie es gleich hinterm Friedhof kommt. Wir wünschten uns alle damals so etwas Ähnliches, um uns vier Wochen auszuruhen. Aber wer hat das Glück?

Neben mir saß eine ältere Frau; das heißt, ob sie eigentlich älter war, kann ich nicht mehr mit Sicherheit sagen. Sie war verrückt, das stand einwandfrei fest. Auf gar keinen Fall gehörte sie etwa nur in das Altersheim. Aber alt oder nicht alt – keine von uns sah damals gern in den Spiegel. Auch die da: Wenn ich mir's jetzt überlege, war sie weder – noch. Sie war keins von beiden: Nicht alt und nicht jung – natürlich nicht jung –, doch ihr Gesicht ganz glatt wie ein Ei unter vollkommen schlohweißen Haaren. Man wird sagen, solche Gesichter gibt's viele. Und das ist auch wieder wahr. Nur daß nicht alle verrückt sind und erst recht nicht alle eingesperrt werden – wo käme man sonst hin? Gut möglich, daß mir die Frau normalerweise nicht aufgefallen oder mir, was sie erzählte, nicht haftengeblieben wäre; es gab so viel Unglück in dieser Zeit, daß es auf weniger oder mehr schon überhaupt nicht mehr ankam – man behielt es im Grunde nicht. (Heute sage ich: Gott sei Dank. Wo käme man sonst hin?) Also, normalerweise wäre mir so ein Geschöpf sicher nicht aufgefallen. Beim Schlangestehen, zum Beispiel, erlebt man ja ähnliche Dinge. Oder auf der Bezugscheinstelle.
Aber hier war die Sache anders. Man bekam nichts erzählt; man hörte da etwas, das im Grunde nicht für einen bestimmt war, man hatte das verdammte Gefühl, einen offenen Brief zu lesen, der liegengeblieben war. Ja: einen offenen Brief. Ich glaube, dieser Vergleich ist richtig, wenn auch jeder natürlich hinkt. Denn daß man etwas gelesen hatte, durfte man scheinbar nicht wissen. Kaum sagte man: Wie? Oder: Ach? Oder: Oh!, so fuhr die Frau wie gepickt in die Höhe und sah einen böse an. Na – ‚böse' ist überhaupt kein Ausdruck für dieses Angucken – nur ein Verrückter kann einen so ansehen . . . so gefährlich und so aus 'ner anderen Welt. Ich hätte mich natürlich gefürchtet, wenn nicht eine Schwester die ganze Zeit in der Nähe geblieben wäre. Eigentlich dürfte man diese Biester ja gar nicht Schwestern nennen. Wenn so eine still von hinten her andrückt und packt die Kranken in ihre Klammer und schiebt sie am Ellbogen weiter, ohne ein Wort zu sagen. . . so eine blauweiß gestreifte, dicke Lokomotive –. Na ja, es muß ja am Ende sein. Wo käme man sonst hin?
Wie gesagt: Die Frau war schon mitten im Reden, als ich mich neben sie setzte. Allerdings kann sie mit ihrer Geschichte nicht weit gewesen sein.
„Ich war wirklich ein hübsches Kind", sagte sie. „Augen wie Tollkirschen. eine Figur wie eine Groschenpuppe. Meine Eltern ließen mich gern und häufig fotografieren. Warum auch nicht? Warum denn auch nicht? Sie hatten es ja dazu. Da gibt es Bilder von mir vor einer Waldkulisse, und andere wieder in einem Park auf einer Birkenholzbank. Mein kleiner Bruder mußte den Kopf an meine Schulter legen – ‚Hänsel und Gretel', sagten die Leute zu dieser Fotografie. Ein anders Mal, ich weiß nicht wieso, halte ich einen japanischen Schirm über mich und mein Stickereikleid. Ich war ein Glückskind. Wir hatten Geld; was ich wollte, konnte ich haben, keine Puppe war groß genug. Auch in der Schule ging es mir gut. Ich hatte in allem die erste Nummer, nur in

Handarbeit immer fünf. Das sei doch schade, meinte die Lehrerin, und meine Mutter setzte sich hin und machte für mich die Handarbeiten – da hatte ich von der Religion bis zur Handarbeit nur noch Eins. So ging es weiter. Mit sieben Jahren bekam ich ein kleines Dreirad, mit zehn ein größeres und mit vierzehn ein richtiges Damenrad. Wir machten Reisen – mal eine nach Bayern, mal eine nach Helgoland. Dann starb unser Vater. Mein Bruder und ich merkten nicht viel davon. Ein Jahr wie das andre: in einem lernte ich Rückenschwimmen und im anderen Diabolo spielen, in dem dritten sammelten wir einen Haufen von bunten Ansichtspostkarten, in dem vierten Reklamemarken. Ich hatte wie immer Glück beim Tauschen: Pfeiffer und Dillers Kaffeezusatz gegen die Weltausstellung; das Persilmädchen gegen moderne Kunst und den Darmstädter Jugendstil. So kam der Weltkrieg und ging vorüber, ohne uns weh zu tun – am Anfang gab es noch alles zu essen, am Ende die Quäkerspeisung. In der Unterprima verliebte ich mich zum ersten Male in einen Lehrer, obwohl ich das Schwärmen nicht leiden konnte und nichts von der Sinnlichkeit hielt. Von da ab verliebte ich mich sehr häufig und wurde auch angeschwärmt. Ich bekam meinen ersten Heiratsantrag und bald einen zweiten und dritten, obwohl doch sehr viele junge Männer im Krieg gefallen waren. Na, ich war eben wirklich nett und hatte auch wohl, wie man damals so sagte, richtigen ‚Sex-Appeal'. Als fünftes Mädchen aus meiner Klasse verheiratete ich mich. Mein Mann war Assessor, sein Vorgesetzter nannte mich ‚kleine Frau'. Am Anfang wollten wir keine Kinder, um das Leben noch zu genießen, auf keinen Fall aber mehr als zwei: einen Jungen, ein Mädchen und Schluß. Natürlich hatte ich wieder Glück, und alles ging wie bestellt. Zuerst kam der Junge, ich nannte ihn Harald, hernach die kleine Brigitte, ein wunderhübsches Kind. Mein Mann war ein hochbegabter Jurist, auch kaufmännisch erfahren, ein lieber, guter Kerl. Er hätte im Staatsdienst bleiben können, aber um rascher voranzukommen und noch mehr Geld zu verdienen, wurde er Syndikus. Zuerst in Köln, dann in Hamburg, zuletzt in Königsberg. Immer weiter nach Norden, dann nach Nordosten, im Osten blieben wir hängen und kauften uns schließlich ein Gütchen in der Rominter Heide mit Jagd und Fischerei. Womit unser Unglück eigentlich anfing, weiß ich heute nicht mehr genau. Vielleicht hätten wir nicht so schrecklich weit vom Westen fortgehen sollen, aber wer konnte das ahnen? Der Norden war zeitgemäß, mehr noch der Osten, viele Kinder zu haben, war schick. Ich raffte mich also zu dem Entschluß auf, noch ein weiteres Baby zu kriegen, doch es war eine Fehlgeburt. Ich versuchte es noch einmal: wieder dasselbe. Nach dem dritten Male gab ich es auf. Mein Mann war inzwischen auch älter geworden und hatte ein Magengeschwür. Nichts Schlimmes natürlich, wir hatten Glück, die Operation war nach Wunsch verlaufen, da bekam er plötzlich, kein Mensch weiß warum, die übliche Embolie. Ich war sehr traurig, aber die Kinder standen mir tatkräftig bei. Das war kurz vor dem Krieg, der Junge war achtzehn, das Mädchen sechzehn Jahre. Alles wie üblich: zuerst Abitur, dann Arbeitsdienst, dann wurde Harald zum Militär eingezogen. Er hatte Glück: Weil er technisch begabt war, kam er zu einer Nachrichtentruppe und blieb zunächst hinter der Front. Brigitte, groß und blond wie mein Mann, wurde Arbeitsdienstführerin im Generalgouvernement. Es wäre wohl alles gut gegangen, wenn Harald sich nicht aus dem Ehrgeiz heraus, das Ritterkreuz zu erhalten, bei den Fallschirmtruppen gemeldet hätte. Kurz darauf kam er zum Einsatz und fiel bei Monte Cassino . . . fast an dem gleichen Tag, als die Brigitte von einem SS-Kameraden den kleinen Heiko bekam. Natürlich wollte sie jetzt nicht länger Lagerführerin bleiben, sondern ging mit dem Jungen nach Haus. Das Kind gedieh prächtig, sie hatte Glück und verlobte sich mit einem Schlipsoffizier, einem Nachtjäger, welcher kurz nach der Landung der Engländer in Nordfrankreich fiel, aber sie hatte Glück und war vorher noch mit ihm ferngetraut worden. Als das Kind gerade zu laufen anfing, merkten wir, daß den Führer sein Glück verlassen hatte. Alles ging schief, der Russe kam näher und näher, schließlich mußten wir fliehen. Es war im Winter, Hals über Kopf mußten wir alles verlassen, zwei Koffer in der Hand. Die Züge waren natürlich von Flüchtlingen überfüllt, es waren Güterzüge, Viehwagen, offene Loren; wir hatten Glück und bekamen einen geschlossenen Wagen von Dirschau bis Schneidemühl. In Schneidemühl mußten die Wagen halten, um einem Verwundetenzug und den flüchtenden Truppen Vorfahrt zu lassen, die über die Gleise kamen. Wir wurden alle herausgesetzt, die Koffer auf die Schienen geworfen, und erst, als die Truppen aufgenommen und in die Wagen gepackt worden waren, durften wir mitfahren – teils auf dem Dach, auf den Puffern, den Trittbrettern, wo eben Platz war, so gut es eben ging. Meine Tocher gab mir den kleinen zu halten und ging noch einmal auf die Gleise, um nach den Koffern zu sehen. Sie hatte auch Glück und fand ihren Koffer und reichte ihn mir auf das Dach. In diesem Augenblick fuhr der Zug los, und von der anderen Seite kam ein Gegenzug an uns vorbei. Meine Tochter wurde sofort überfahren, ich packte das Kind in die Wolldecke ein, aber am nächsten Morgen war es natürlich schon tot. Wir fuhren weiter, auch andere Kinder waren oben auf dem Dach erfroren, immer neue Flüchtlinge stiegen dazu, wir warfen schließlich, um Platz zu haben, die hartgefrorenen Kinderleichen hinunter in den Schnee. Endlich kamen wir nach Berlin und in ein Flüchtlingslager. Wir wurden erobert, ich hatte Glück, der Vorort wurde fast ohne Schuß den Russen übergeben, in der Nähe war ein Barackenlager mit vielen Konservendosen. Als das vorüber war und noch kein Brot gebacken werden konnte, gingen wir weiter hinaus in das verlassene Lager, wo noch Kartoffeln waren; doch als ich hinkam, hatten schon alle ihre Kartoffelsäcke gefüllt, die Mieten waren leer. Was sollte ich machen? Ich hatte Glück: In einem großen hölzernen Bottich, der mit Wasser angefüllt war, war eine riesige Menge geschälter Kartoffeln zurückgeblieben – ich krempelte meine Ärmel hoch und fischte sie heraus. Mein Rucksack war schon beinahe voll, ich fuhr noch einmal recht tief auf den Grund und hatte

beide Hände voll Dreck, voll braunem, stinkendem, glitschigem Dreck; sie mußten, bevor sie das Lager verließen, in den Bottich hineingemacht haben. Jetzt war das Maß meines Unglücks voll, ich nahm meinen Sack auf den Rücken und fing zu schreien an. ‚Dieses Scheißleben!' schrie ich . . . ‚Scheißleben! . . . Scheiß . . .'"
Sie schrie es wirklich, die Krankenschwester – wie aus dem Boden geschossen – stand plötzlich hinter ihr und schob sie gegen das Haus. „Scheißleben!" schrie sie, und ich schrie mit; wir schrien beide, sie machte sich steif, und ich schlug auf die Dicke ein. Das Unglück wollte es, daß mein Bekannter in diesem Moment dazukam. Sein Kopf ging ticktack, dann schlug er gemeinsam mit uns auf die Wärterin ein, aber nicht den Westminstergong . . .
Schließlich beruhigte ich mich und blieb da. Ich blieb tatsächlich noch vier Wochen da, es war gerade ein Zimmer frei, das Wetter war wie gemalt. Es war überhaupt meine schönste Zeit: gutes Essen und Ruhe, die Krankenschwester fand ich schließlich besonders nett, wir freundeten uns an. Sie war früher mal mit einem Gasmann verlobt. Na ja. Aber diese Geschichte steht auf 'nem anderen Blatt. ◀

(Elisabeth Langgässer: „Glück haben", aus Moderne Erzähler H. 10, Schaurgh, Paderborn 1962, S. 53–58)

▶ Ich bin 21 Jahre und von Beruf Elektriker. Den Beruf übe ich aber lange nicht mehr aus. . .
Ich bin der Jüngste zu Hause, meine Schwester hat vor kurzem geheiratet, mein Bruder ist 38 und meine Schwester 26, und so geht es immer weiter, ich habe 8 Geschwister. Jedenfalls sind alle verheiratet. Mein Vater war Sprengmeister, früher, und ist jetzt, seit 1952, Rentner sozusagen, bekommt aber eine ganz dufte Rente. Aber ich möchte meinen Eltern nicht auf der Tasche liegen, und deshalb mach ich Musik. Ich will ja in erster Linie als Musiker Geld verdienen, daß ich zum Beispiel meiner Mutter die 45 Mark geben kann in der Woche, und daß sie nicht sagen kann – und ich muß sagen, ich bin stolz drauf, daß ich das immer bestreiten kann. Meine Mutter kam noch nie oder mein Vater und hat gesagt: „Hör mal, jetzt bist du mir soundsoviel schuldig." Wenn ich mir etwas leihe oder so, dann geb ich das wieder ab. Also, ich spiele in ner Band und bin Sänger. Ich muß zusehen, daß ich immer meine Texte, innerhalb von einer Woche muß ich 2 bis 3 Texte lernen, ich finde, das ist auch irgendwie ne Arbeit. Tja, und um die zu lernen, muß man sich wirklich sozusagen auf den Hintern setzen. Ich steh um 11 Uhr morgens auf, dann prob ich bis 3 Uhr, und dann geh ich zu meinen Kollegen oder geh dann proben mit den anderen Kollegen oder mach sonstwas . . .
Meine Freundin, die jetzige Freundin, na, so lange geh ich noch nicht mit der, aber es ist schon eine ganz schöne Zeit. Um genau zu sagen: 88 Tage. Ja, das schreibe ich mir immer auf. Die ist, wie man so sagt, ein richtiger Mensch, nicht irgendeine, das ist ein dufter Typ. Manche sagen: „Mein Gott, die hat etwas dicke Beine und so." Nicht, ich mein, keiner kann sich malen. Und ich kenn hübschere Mädchen, ich kenn so

viel hübsche Mädchen, aber für mich ist das eben die Schönste. Kennengelernt hab ich die auf einer Veranstaltung . . . Ich denke: jetzt gehste mal hin. Und ich dann son bißchen losgequatscht, ich sag: „Hallo, Mylady!“ sag ich, „darf ich Sie mal zum Tanz bitten?“ und so, so richtig blöd so, so alles so kitschig, nicht. „Ja“ sagt sie, „Mylord“, so so ganz blöd, nicht, hat dufte mitgemacht, und das gefiel mir schon so. Und dann ist sie nicht dumm, unwahrscheinlich intelligent, nicht, und da muß man verdammt aufpassen, daß man da nicht irgendwie Blödsinn erzählt. Na, jedenfalls haben wir uns dann verabredet . . . Weil die mir so irgendwie, na, nicht reich, aber die kam mir so intelligent vor, und dann die Eltern, ich dachte: ach nee, verzichte schon drauf, nicht. Die haben nämlich zwei Wäschereien, und die Mutter ist bei der ‚Essener Stein und Bergbau‘ irgend son hohes Tier, nicht, und sie selbst ist auch Sekretärin. Da dachte ich: keine Arbeit und so. Nö, dachte ich. Da sagt sie: „Hör mal, weißt du ach, daß du mich eben ganz groß beleidigt hast?“ Ich sag: „Nö, wieso?“ „Gehst nur eine Woche mit mir und so. Weißt du das immer vorher schon?“ sagt sie dann zu mir. Ich sag: „Nö, aber ich seh das kommen“, sag ich, „seh das voraus“ und so. Und da sagt sie: „Braucht ja nicht zu sein, das liegt ja an dir. Du hast doch einen festen Willen und so.“ Ja, und dann hab ich ihr dann gesagt, daß ich sie gern behalten möchte undsoweiter undsoweiter. Und die Jungens haben alle gesagt: „Mensch du, sei froh, das ist doch noch son Mädchen, die hat noch die Unschuld“, undsoweiter, wie das so unter Jungens geht, „da kannste stolz drauf sein“, und so. Und die fragten: „Mein Gott, wie biste denn zu der Frau gekommen!“ und so. Ich sag: „Man tut, was man kann!“ Das sehen die ja nicht gerne. Ja, dann rief ich sie mal an zu Hause, einen Tag. Ich sag: „Schön guten Tag, S. mein Name, ich möchte gern Helga sprechen“, und so, nicht. „In welcher Angelegenheit?“ Ich sag: „Frau B., seien Sie nicht so böse“, sag ich, „das kann ich hier nicht so sagen.“ Ja, bums, aufgelegt . . . Aber jetzt hab ich sie mal im Krankenhaus besucht, nicht. Ich wußte gar nicht, was ich sagen sollte, hier. Jedenfalls war es so: ich kam ins Krankenhaus, und ich hab die Mutter einmal schon gesehen, jedenfalls guckte die mich an: strafend, und so. Wenn ich mal ein Mädchen anguckte, die haben immer gesagt: „Guck mich nicht so an!“ Aber diesmal wurde ich unsicher, bei der Mutter von ihr, nicht. Pah, ich dachte: was ist das nur für eine Frau, nicht. Aber jetzt hab ich die Tür schon aufgemacht, ich sagte schon: „Guten Tag“, und die Mutter saß da, drehte sich um, ich wollte wieder zurückgehen. Aber da denke ich: nee, Rolf, das haste nicht nötig. Vor wem läufste denn eigentlich weg? Bin ich dann hingegangen, ich sag: „Guten Tag, Frau B., guten Tag, Helga.“ Und dann dachte ich: sollste ihr auch noch en Kuß geben, ganz frech? Ja, dachte ich, das machste. Hab ich ihr ganz frech noch en Kuß gegeben, nicht. Ha, die Mutter kam gar nicht mehr ganz klar, nicht. Aber jedenfalls lachte sie dann so, als wenn sie sagen wollte: ganz schön abgewichst ist der, oder so, nicht . . .

Jedenfalls die Mutter, ich glaube, jetzt hat sie sich dran gewöhnt. Der

Vater sowieso, der Vater ist ein dufter Kerl. Sie sagte mal, hier die Helga sagte mal zu mir: „Du mußt nur wissen, was der so für Ideale hat, und darauf mußt du ihn ansprechen. Dann haut alles hin." Zum Beispiel die Zigarettenmarke schon alleine, nicht. Er raucht Lord, ich rauche überhaupt ganz selten oder hab selten welche. Ich einfach Lord gekauft, bin hingegangen, hab gesagt: „Rauchen Sie eine mit?" „Ja", sagt er, „Lord ach ja, meine Marke!" Undsoweiter. Und dann sagt er sofort: „Autos . . ." Er fährt son 1600 VW. Ich sag: „Mein Gott, ich weiß nicht, ich bin am Zweifeln, soll ich mir den 1600 VW. . .?" Sagt er sofort: „Den mußt du dir! Das mußt du machen!" undsoweiter, undsoweiter. „Das ist ein Auto!" Ich sag: „Ja, ich schwärm ja auch dafür und so . . ." Und jetzt kam die Mutter und sagte: „Peter, darf ich mal eben unterbrechen?" „Ich hab jetzt keine Zeit, wir unterhalten uns hier von Wagentypen!" Also, bei dem bin ich dick drin.
Jetzt im Krankenhaus, bei meiner ‚Frau', die liegt da auf so ner Station – Frauen, die kriegen da ihre Babys undoweiter, ich weiß nicht, wie sich das schimpft. Jedenfalls, ich sah da auch so, hinter som Glaskasten, da lagen so 15 oder 20 Babys, nicht. Und einer, der lag direkt so vorne, ganz lange Haare hat der gehabt, nicht, und dann guckt der da so. Aber ganz klein! 10 Tage alt! Ach du, so ne richtige kleine Wurst war das. Und da dacht ich so – vorher hab ich immer gedacht: heiraten? ich? ph! ich glaub, ich hör nich richtig, und so, nicht. Aber da guck ich da, da dacht ich: mein Gott, so ne kleine Rolle, möchtest du auch haben . . . Ich möchte mal zwei Kinder haben, en Mädchen und en Jungen. Aber lieber erst en Mädchen. Und dann möcht ich gerne, daß das Mädchen, natürlich, man kann das nicht sagen, aber so Auslandskorrespondentin oder sowas, nicht, da würde ich, wenn ich da mal hart arbeiten müßte, da würd ich sogar Nebenbeschäftigung annehmen und alles, aber das müßte sie dann werden. Ja, und der Junge, da mein ich: normal. Also, was heißt normal? Normal stell ich mir darunter vor, wenn irgendwie Radio-Techniker oder sowas, nicht, oder wenns gar nicht anders geht, dann eben, oder son Grafiker oder sowas, das wär was. Meine Kinder, die müßten erstmal ein ganz gepflegtes Deutsch sprechen. Hier zum Beispiel, ich kenne Geschäftsleute, unwahrscheinlich nobel – und Wörter nehmen die Kinder in Mund, das ist sagenhaft! Ich meine, ich würde mein Kind unwahrscheinlich toll anziehen, ganz schick machen, daß die anderen Leute sagen: „Guck mal, hat der en süßes Gör!" oder sie, nicht: „Die hat aber süße Kinder!" Daß die in den Kinderwagen reingucken, und ich müßte stolz sein, und meine Frau natürlich, in erster Linie meine Frau müßte stolz sein. Das ist sie ja auch automatisch, ne Mutter ist immer stolz auf ihre Kinder, nicht, wie sie aussehen, ist praktisch gleich.
Ich möchte, also mal so gesehen, ich möchte eine Frau finden, die so ist wie meine Mutter. Das ist natürlich, sagt jeder Junge. Meine Mutter zum Beispiel kann unwahrscheinlich kochen, toll. Keine Frau, also ich kenn keine Frau, die so toll kochen kann, und die auch so gut ist, wie

man so schön sagt. Ich müßte ne Frau haben, wenn ich wirklich – nehmen wir mal an, ich würde soweit sinken, daß ich irgendwie wieder auf die Zeche gehen müßte oder sowas, nicht. Ich müßte da um 5 Uhr aufstehen. Die Frau, die müßte ohne weiteres auch um 5 Uhr aufstehen, müßte nicht, aber so möchte ich das gerne haben. Und daß die dann mit mir morgens Kaffee trinkt und sagt: ja, und so, n Kuß und so, das ist dann ganz normal, und dann mittags schön was zu essen. Und nicht so ne Frau wie heute, ich nehme jetzt mal en Vergleich: da haben sie 2 Zentimeter Make-up auf em Gesicht, und dann gehn sie an en Kochtopf, links haben sie das Baby in der Hand, da rühren sie die Milchsuppe an. Das finde ich unwahrscheinlich, also, ich weiß nicht: so ne Art von Frauen verabscheue ich. Ich möchte auch nie ne Frau, zum Beispiel, ich steh auf Naturfrauen! Wenn eine schwarze Haare hat, und die ist nicht dreckig angezogen, aber auch nicht gut, weil se von Haus nicht viel haben – so – was mag ich, auf sowas steh ich. Aber nicht auf so ne Mädchen, die sich da, ich weiß nicht. . Na, jedenfalls jetzt auf meine Mutter zurückzukommen. So ne Frau, und davon gibts viele, nicht nur meine Mutter, also ich mein, die so arbeitsam sind. Die wäscht und macht, und ich sag immer: „Setz dich mal ne halbe Stunde hin!“ Dann sagt sie: „Ach, ich kann nicht sitzen, ich muß was machen.“ Nicht? Und wenn wirklich nichts zu tun ist, dann bacht sie einfach en Kuchen und so, Hauptsache, sie hat was gemacht . . .
Seit meinem 14. Lebensjahr war ich nicht mehr in der Kirche. Aber trotzdem glaube ich an Gott. Ich schäm mich nicht, wenn ich sag, daß ich jeden Abend bete: für meine Eltern und für meine Feinde und vor allen Dingen für mein jetziges Mädchen. Praktisch da kam es mir erst mal richtig zum Bewußtsein, daß ich an Gott und so – jedenfalls: ich glaub eben an Gott. Ich geh nicht zur Kirche, ich lehn das ab. Die Leute gehn da rein, und die eine: „Frau Beckmann hat wieder einen neuen Nerz an!“ undsoweiter, im Grunde genommen sind das alles dufte Typen, gerade die Kirchengänger da, ich sprech da aus Erfahrung . . .
Sicher, ich möchte in meinen Beruf wieder zurückgehen, aber auch nicht. Ich bin es leid, für andere Leute zu arbeiten. Wenn man 5 Mark in der Stunde verdient, da gehn soundsoviele Abzüge ab, und letzten Endes bin ich da der Dumme. Aber ich meine, so gehts eben, das ist überhaupt so, nicht, so ist eben das Leben: man muß für andere arbeiten, man ist eben in armen Verhältnissen undsoweiter. Aber den Kommunismus, den lehn ich ab. Immer schon. Ich seh das so: da arbeitet man ja wieder für andere Leute. Das bleibt sich ja im Grunde genommen gleich. Dann kann ich ja auch, ich mein, ist doch alles, son Konsum, kann man sagen, alles in einem Pott, und alle rühren sie kräftig mit. Nee, halte ich nichts von. Obwohl, nun, es gibt Leute, die sagen, da drüben wäre es besser, und das stimmt auch. Und es gibt verschiedene Leute, die gehn auch schon rüber und sagen – aber ich weiß nicht. Nee, hier ist es schlecht, zugegeben, aber ich möchte lieber da bleiben, wo ich bin. Den Kommunismus lehne ich ab. Aber ich werd versuchen, mir

selbst – wie mein Bruder und andere, das sind nämlich meiner Ansicht nach Vorbilder. Und die haben es ja auch geschafft . . . Zum Beispiel, ich kenn einen Mann, der wohnt bei uns, der hat so ne Selterbude, ne einfache Selterbude. Natürlich verkauft er allerhand Nebendinge, Brot, Milch, und alles macht er da, das darf er gar nicht, aber er macht es. Und der fährt en Diplomat, nicht. Ich mein, ich beobachte das immer und sag: mein Gott, sowas müßtest du auch machen! Oder ich möchte, ja, 10, 15 Stunden sogar am Tag arbeiten, aber das müßte mein Geld sein, ich möchte sagen können: hier, heute hast du 100 Mark verdient, aber die hast du verdient, das ist dein Geld nur allein. Ich mein, wenn ich jetzt irgendwie im Tiefbau wär und würd immer mein Geld nach Haus, gut bürgerlich die Beine unterm Tisch, Zeitung lesen, abends im Bett, en bißchen Fernsehen, morgens um 5 Uhr aufstehn, und das dann so 50 Jahre oder 60 Jahre, wenn ich so alt werde, oder wir – da sehe ich keinen Sinn drin. Ich möcht ein unwahrscheinlich schwungvolles Leben führen! ◀

(E. Runge (Hrsg.), Bottroper Protokolle, edition suhrkamp 271, Frankfurt, 1968, daraus: Rolf S., Beat-Sänger, S. 92–104)

Der andorranische Jude

▶ In Andorra lebte ein junger Mann, den man für einen Juden hielt. Zu erzählen wäre die vermeintliche Geschichte seiner Herkunft, sein täglicher Umgang mit den Andorranern, die in ihm den Juden sehen: das fertige Bildnis, das ihn überall erwartet. Beispielsweise ihr Mißtrauen gegenüber seinem Gemüt, das ein Jude, wie auch die Andorraner wissen, nicht haben kann. Er wird auf die Schärfe seines Intellekts verwiesen, der sich eben dadurch schärft, notgedrungen. Oder sein Verhältnis zum Geld, das in Andorra auch eine große Rolle spielt: er wußte, er spürte, was alle wortlos dachten; er prüfte sich, ob es wirklich so war, daß er stets an das Geld denke, er prüfte sich, bis er entdeckte, daß es stimmte, es war so, in der Tat, er dachte stets an das Geld. Er gestand es; er stand dazu, und die Andorraner blickten sich an, wortlos, fast ohne ein Zucken der Mundwinkel. Auch in Dingen des Vaterlandes wußte er genau, was sie dachten; sooft er das Wort in den Mund genommen, ließen sie es liegen wie eine Münze, die in den Schmutz gefallen ist. Denn der Jude, auch das wußten die Andorraner, hat Vaterländer, die er wählt, die er kauft, aber nicht ein Vaterland wie wir, nicht ein zugeborenes, und wie wohl er es meinte, wenn es um andorranische Belange ging, er redete in ein Schweigen hinein, wie in Watte. Später begriff er, daß es ihm offenbar an Takt fehlte, ja, man sagte es ihm einmal rundraus, als er, verzagt über ihr Verhalten, geradezu leidenschaftlich wurde. Das Vaterland gehörte den anderen, ein für allemal, und daß er es lieben könnte, wurde von ihm nicht erwartet, im Gegenteil, seine beharrlichen Versuche und Werbungen öffneten nur eine Kluft des Verdachtes; er buhlte um eine Gunst, um einen Vorteil, um eine Anbiederung, die man als Mittel zum Zweck empfand auch dann, wenn man selber keinen möglichen Zweck erkannte. So wiederum ging es, bis er eines Tages entdeckte, mit seinem rastlosen und alles zergliedernden Scharfsinn entdeckte, daß er das Vaterland wirklich nicht liebte, schon das bloße Wort nicht, das jedesmal, wenn er es brauchte, ins Peinliche führte. Offenbar hatten sie recht. Offenbar konnte er überhaupt nicht lieben, nicht im andorranischen Sinn; er hatte die Hitze der Leidenschaft, gewiß, dazu die Kälte seines Verstandes, und diesen empfand man als eine immer bereite Geheimwaffe seiner Rachsucht; es fehlte ihm das Gemüt, das Verbindende; es fehlte ihm, und das war unverkennbar, die Wärme des Vertrauens. Der Umgang mit ihm war anregend, ja, aber nicht angenehm, nicht gemütlich. Es gelang ihm nicht, zu sein wie alle anderen, und nachdem er es umsonst versucht hatte, nicht aufzufallen, trug er sein Anderssein sogar mit einer Art von Trotz, von Stolz und lauernder Feindschaft dahinter, die er, da sie ihm selbst nicht gemütlich war, hinwiederum mit einer geschäftigen Höflichkeit überzuckerte; noch wenn er sich verbeugte, war es eine Art von Vorwurf, als wäre die Umwelt daran Schuld, daß er ein Jude ist –

Die meisten Andorraner taten ihm nichts.

Also auch nichts Gutes.

Auf der anderen Seite gab es auch Andorraner eines freieren und fortschrittlichen Geistes, wie sie es nannten, eines Geistes, der sich der Menschlichkeit verpflichtet fühlte: sie achteten den Juden, wie sie betonten, gerade um seiner jüdischen Eigenschaften willen. Schärfe des Verstandes und so weiter. Sie standen zu ihm bis zu seinem Tode, der grausam gewesen ist, so grausam und ekelhaft, daß sich auch jene Andorraner entsetzten, die es nicht berührt hatte, daß schon das ganze Leben grausam war. Das heißt, sie beklagten ihn eigentlich nicht, oder ganz offen gesprochen: sie vermißten ihn nicht – sie empörten sich nur über jene, die ihn getötet hatten, und über die Art, wie das geschehen war, vor allem die Art.

Man redete lange davon.

Bis es sich eines Tages zeigt, was er selber nicht hat wissen können, der Verstorbene: daß er ein Findelkind gewesen, dessen Eltern man später entdeckt hat, ein Andorraner wie unsereiner. – Man redete nicht mehr davon.

Die Andorraner aber, sooft sie in den Spiegel blickten, sahen mit Entsetzen, daß sie selber die Züge des Judas tragen, jeder von ihnen. ◀

(Max Frisch, Tagebuch 1946–1949, Knaur-Taschenbuch 100, München 1965, S. 28–30)

Das Recht zu sterben

▶ In einer Wissenschaft, die sich mit operativen Eingriffen in das menschlichste Organ des Menschen, das Hirn, befaßt, stellt sich die Frage nach den Gesetzen des Faches immer in zweifacher Hinsicht: 1. Was ist technisch möglich? 2. Was ist ethisch erlaubt? Wollte sich die

Neurochirurgie in ihren ärztlichen Zielen mit den technischen Grenzen ihres Faches identifizieren, so hätten wir schon jetzt, mehr aber noch in einigen Jahren, ein Krankenhausinferno Danteschen Ausmaßes vor uns. Ein Gang durch die Neurochirurgische Klinik zeigt, wieweit dies in Wirklichkeit hier und heute schon ist.

Auf der Kinderstation liegen zum Beispiel Kinder, die ohne Großhirn geboren wurden. In dem einen Fall war es gar nicht angelegt, im zweiten Fall hatten sich durch eine intrauterine Erkrankung die Großhirngefäße verschlossen, und das von der Ernährung ausgeschlossene Großhirn hatte sich völlig aufgelöst, im dritten Fall hatten Eiweißunverträglichkeiten das Hirn weitgehend außer Funktion gesetzt.

Da der für die Lebensfunktionen wichtige Hirnstamm erhalten war, gelingt es drei Schwestern, die drei Kinder, besser gesagt, die drei Wesen zu erhalten, indem sie ein dünnes Schläuchlein durch die Nase in den Magen führen, besonders präparierte Nahrungsmittel einspritzen, den Arzt rechtzeitig rufen, damit er den Hirndruck reguliert, Entzündungen auffängt usw.

Im nächsten Zimmer liegen Wesen, die einen großen Wasserkopf haben. Durch das Einsetzen eines kleinen Drainagesystems, das das überschießende Wasser in Blutgefäße ableitet und den Hirndruck (normalisiert), können sie weiterleben. Ist der übriggebliebene Hirnmantel aber durch den Druck zu sehr verdünnt, so kann mit einer geistigen und psychischen Entwicklung nicht gerechnet werden. Diese Kinder werden immer Idioten bleiben.

Gehen wir in die Unfallabteilung: Hier interessieren uns für unsere Fragestellung besonders die sogenannten Apalliker, Zustände, die nach schweren gedeckten Hirnverletzungen, besonders nach Verkehrsunfällen entstanden sind, aber auch nach zu langem Herzstillstand, zum Beispiel durch Narkose.

Durch die modernen Behandlungsmethoden, sorgfältige Überwachung und Stützung des Kreislaufes, Erleichterung der Atmung mit einem Luftröhrenschnitt, Bekämpfung des Hirndrucks, Überwachung der Blutzusammensetzung und anderes mehr konnten die lebenswichtigen Hirnzentren erhalten werden, während die entwicklungsgeschichtlich neueren und empfindlicheren Teile, an deren Funktionen die geistigen Vorgänge gekoppelt sind, schwere und dauernde Schäden erlitten. Das Bewußtsein ist deshalb meist erloschen.

Offene Augen scheinen manchmal wie in einem Traumzustand suchend zu sehen, lassen sich aber nicht fixieren. Gehört werden allenfalls Geräusche. Eine sprachliche Verständigung ist nicht möglich. Seelische Regungen sind nicht zu erkennen, selbst ein primitiver Bezug fehlt, von geistigen Vorgängen ganz zu schweigen.

Nebenan liegt ein junger Mann, der am ersten heißen Tag im Sommer mit einem Kopfsprung ins kühle Naß wollte. Das Wasser war an dieser Stelle leider nicht tief genug. Er verrenkte sich die Halswirbel.

Sorgfältigste Pflege erhielt den gesunden Kopf mit dem daranhängenden

gelähmten Körper am Leben. Was für ein Leben! Wenn der erhaltene Kopf wenigstens noch ein Dichter wäre oder ein gottbegnadeter Mystiker.
Aber der junge Mann hatte nicht einmal die Untertertia geschafft, und geistige Fähigkeiten und Interessen fehlten ihm völlig. Ohne Körper ist dieser Kopf wertlos.
Ganz ohne Zweifel wird es möglich sein, in Zukunft einen isolierten Kopf zu erhalten, er muß nur rechtzeitig tief genug unterkühlt werden. Wir haben Hirne bei 10 Grad Hirntemperatur operiert, der Körper behielt etwa 30 Grad. Eine Stunde lang konnten die großen zuführenden Schlagadern zugeklemmt bleiben, das Großhirn erhielt in dieser Zeit praktisch kein Blut und hatte es auch nicht nötig. Nachdem die Operation am blutleeren Hirn beendet und der Kranke wieder aufgewacht war, hatte er keinerlei Hirnschädigung. Japanische Kollegen haben durchströmte isolierte Hundeköpfe gezeigt, bei denen Maschinen den Körper ersetzen, das Herz, die Lunge und die Nieren. Das ist also prinzipiell auch beim Menschen möglich.
Welche Aussichten, wenn wir die technischen Grenzen der Neurochirurgie ausschöpfen. Der vom Krebs zerstörte Körper wird abgetrennt, der isolierte Kopf in besonderen Anstalten weiter betreut und am Leben erhalten. Da sage noch einer, der Mensch könne sein Leben nicht verlängern.
Wir sollten feststellen, daß das Ereichen dieser technischen Grenzen nicht Aufgabe eines Neurochirurgen sein kann. Ziel allen ärztlichen Bemühens darf schließlich nur ein menschenwürdiges, dem Menschen adäquates Leben sein. Wenn das nicht möglich ist, darf man ihm, um mit (dem Bonner Psychologen und Theologen Professor) Schöllgen zu sprechen, „sein angestammtes Recht auf den Tod nicht verweigern".
Es erhebt sich nun die Frage: Was ist ein Mensch und ein menschenwürdiges Leben? Die Antwort des Arztes kann weder theologisch noch philosophisch sein. Naturwissenschaftlich gesehen, hat das Hirn den aufrechtgehenden Zerebraten zum Menschen gemacht, und der heute lebende homo sapiens kann nur mit einem intakten Hirn das Erscheinungsbild des Menschen darstellen.
Ein großhirnloses Wesen bietet dieses Bild nicht und wird es nie bieten. Ob es vor Gott ein Mensch ist, kann natürlich ärztlich nicht beantwortet werden. Deshalb brennt gerade dem Neurochirurgen die Thematik besonders auf den Nägeln, weil er in täglicher Arbeit am Hirn immer wieder prüfen muß, ob am Ende seines Bemühens ein echtes Menschentum erhalten bleibt oder nicht.
Die erste Frage lautet: Inwieweit sind operative Eingriffe erlaubt beziehungsweise inwieweit ist man zu ihnen verpflichtet, wenn die Hirnschädigung zu einem solch schweren geistigen Abbau geführt hat, daß praktisch nur ein „vegetierendes Leben" verlängert wird.
Dem Neurochirurgen werden, wie eingangs erwähnt, nicht so selten Säuglinge eingeliefert, bei denen nur die tiefen Hirnzentren vorhanden

sind. Bei der langsamen Hirnreifung ist verständlicherweise diese schwere Störung in den ersten Lebensmonaten sehr schwer, von Laien schon gar nicht zu erkennen.
Es kann kein Zweifel darüber bestehen, daß bei vielen dieser Wesen von Menschen nicht gesprochen werden kann, da ihnen auch die Potenz zur Menschenwerdung absolut fehlt. Sie sind als Monstren zu bezeichnen.
Es ist weitgehend unbekannt, daß vor etwa 100 Jahren noch die Juristen die Tötung solcher Monstren nicht als Mord bezeichneten. Die Lebensdauer solcher Hirnstammwesen ist beschränkt. Lebensverlängernde Eingriffe sind zweifellos ethisch nicht geboten, wie alles, was über eine normale Pflege hinausgeht.
Viele Kinder kommen zur Behandlung eines Hydrocephalus (vermehrte Wasseransammlung im Hirn). Bei der Vielfalt der Ursachen und der hiervon abhängigen Heilungsmöglichkeiten ist die Auswahl der zu Operierenden schwer. Wir haben in den letzten Jahren gelernt, technisch relativ leicht den Hirnwasserkreislauf zu beherrschen. Der entscheidende Faktor aber ist die Größe des erhaltenen Hirnmantels, um mit einer ausreichenden geistigen Potenz rechnen zu können. Die Voraussage ist besonders in Grenzfällen sehr unsicher. Nach meinen Erfahrungen wird eher zu oft als zu selten operiert und nutzlos das Leben des armen Wesens verlängert. Es kommt hinzu, daß sich nicht selten die ganze Liebe und Aufmerksamkeit der Eltern auf ein solches Wesen konzentrieren, die gesunden Kinder vernachlässigt bzw. keine gesunden Kinder mehr geboren werden. Damit ist weder etwas Abträgliches gesagt über die vielen Organisationen für das geistig geschädigte Kind, noch kann und soll einer aktiven Euthanasie das Wort geredet sein. Der Arzt darf auch aus sogenannten edlen Motiven nicht töten. Aber Kindern, die keinerlei menschlich-geistige Regungen erkennen lassen noch die Fähigkeit dazu besitzen, bei einer Erkrankung mit allen heute zur Verfügung stehenden Mitteln das Leben künstlich zu verlängern, halte ich ärztlich-ethisch nicht für geboten, natürlich für erlaubt.
Jedenfalls darf man es aber nicht von den „anderen“ verlangen, die ihre Kraft und ihre Kenntnisse unter Umständen besseren Betätigungen vorenthalten müssen. Und der Gedanke, daß der liebe Gott solche Wesen schicke, damit sich edle Seelen an ihnen zur größeren Vollkommenheit emporranken, steht wohl auch ethisch nicht höher als das edle Streben mancher Tierschutzfanatiker.
Bei den Erwachsenen liegt die Grenze für verpflichtendes ärztliches Handeln dort, wo die Möglichkeiten zum echten Menschentum für immer verlorengegangen sind. Das Hauptkrankengut stellen hierbei heute die stumpfen Schädelverletzungen, die besonders als Folge von Verkehrsunfällen die neurochirurgischen Abteilungen von Tag zu Tag mehr verstopfen.
Nur wer solche Unglücklichen selbst gesehen hat, kann ermessen, wie nutzlos alle Mühen waren und besser unterblieben wären. In den ent-

scheidenden ersten Tagen ist der Neurochirurg leider vielfach mit allen diagnostischen Hilfsmitteln nicht in der Lage, die Schwere des Schadens richtig einzuschätzen. Nur dann aber könnte er seine Maßnahmen gegebenenfalls beschränken, um nicht durch den Einsatz aller technischen Möglichkeiten aus „Vernunft Unsinn und aus Wohltat Plage" werden zu lassen.
Den gleichen Problemen begegnet man nach Hirnblutungen, Hirngefäßverschlüssen und anderen Schädigungen. Auch bei diesen menschlichen Ruinen verlangt unsres Erachtens ärztliche Ehtik, sich auf normale Pflege und Ernährung zu beschränken und den Unglücklichen ihr Recht auf einen natürlichen Tod nicht zu nehmen. ◀

(Aus: DER SPIEGEL vom 2. Okt. 1967, Seiten 125–127 unter dem Titel „Das Recht zu sterben")

Franz Beckenbauer

▶ Der Geniale liebt das Außergewöhnliche: ein lila Rundbett im Schlafzimmer, die Maßanzüge seines Schneiders in Wien, eine Reise im Privat-Jet eines Freundes zum Opernball – in Cut und Zylinder, versteht sich.
Eleganz, vornehme Welt, ein bißchen Aida, ein bißchen flüstern.
Herr Franz Beckenbauer haßt jedes laute Wort, aufdringliche Fans und kumpelhaftes Schulternklopfen.
Man nennt ihn ehrfürchtig „Kaiser". Mit Verlaub, „Kaiser Franz".
Seine Untertanen geraten in helles Entzücken, wenn sie ihn auf dem grünen Rasen beim Regieren zusehen dürfen. Für Geld natürlich.
„Unnachahmlich", der beste Libero der Welt, „traumhafte Ballbehandlung."
Herr Franz Beckenbauer liest solches Lob nicht wohlgefällig – fast täglich steht's ja in den Zeitungen. Steter Ruhm macht immun.
Wie wohnt er, wo wohnt er?
München-Grünwald. Vornehmste Villengegend. Ludwig-Thoma-Straße 13. Eine weiße Zehnzimmervilla in einem großen Park.
Hier also ist er zu Hause: Deutschlands bester Fußballer aller Zeiten.

Frühstück im Wintergarten

Das Besondere des Franz Beckenbauer kann man hier sogar riechen. Es liegt in der Luft – eine ausgesprochen würzige, gute Luft. Viele Tannen, viele Buchen schlucken Dreck und Verkehrslärm weg.
Einen Tag haben BILD-Reporter mit „Kaiser Franz" verlebt. Es war ein angenehmer, ganz privater Tag.
Auf der grauen Rundcouch des Salons liegt der „Kaiser" hingestreckt. Er liest die Morgenzeitung. Leise geht die Schiebetür auf. Ein freundlicher Frauenkopf erscheint. Entschuldigung, das Dienstmädchen. „Herr Beckenbauer, das Frühstück ist angerichtet."

Der Hausherr frühstückt heute allein. Ehefrau Brigitte schläft noch im gemeinsamen Schlafzimmer im Obergeschoß. Lila Rundbett und so.
Ohne Hast schlendert er also hin zu Kaffee und Brötchen. Er durchquert das Wohnzimmer (35 qm), geht vorbei an eleganten Polstermöbeln, vorbei an runden Glastischen, vorbei am „Goldenen Fußball", der Trophäe für Europas Fußballer Nummer 1. Franz Beckenbauer geht hinein in die Pracht des Wintergartens.
Rechts eine Hausbar, links der offene Kamin, aus vier Stereolautsprechern kommt Musik. Lehàr wird bevorzugt.
Sanft gleitet der Hausherr in den mit einem alten Pelzmantel ausgelegten Schaukelstuhl. Durch die riesengroße Fensterfront kommt der Garten hinein: Swimming-pool, Fischteich, weiß gestrichene Gartenlaube, grüner englischer Rasen.
„Das haben Sie sich also alles erspielt – mit ihren Füßen und dem Ball."
„Ja." Es ist ein schlichtes Ja, wie man es in der Kirche bei einer Trauung hört.
Franz Beckenbauer weiß genau, wie Armut schmeckt. Vor zehn Jahren etwa hungerte er sich mit 160 Mark Grundgehalt im Monat durchs einfache Fußballerleben.
Heute, heute freilich ... Für 1,5 Millionen Mark kann man übrigens seine Villa kaufen (er will sich ein neues Haus bauen), die er mit einer Alarmanlage geschützt hat. Ein unbedachter Schritt über eine bestimmte Lichtschranke um seinen Besitz herum – und die Polizei ist da.
Wovor hat dieser Mann denn nur Angst? Beckenbauer erzählte BILD, daß er vor dem Augenblick Angst hat, an dem er nicht mehr Fußball spielt. „Ich habe Angst vor der Leere, die dann kommt, in die man dann fällt und nicht weiß, was man tun soll."
Klar: Der Fußball hat ihn zu dem gemacht, was er heute ist – ein 28jähriger mit einem Jahreseinkommen von einer runden Million.
Was war sein wichtigstes Erlebnis mit dem Ball?
„Das ist neun Jahre her. Damals tieg ich mit dem FC Bayern aus der Regionalliga in die Bundesliga auf. Ich war 19. Ein junger Hupfer. Und plötzlich stand ich im Rampenlicht. Das war ein unheimlich prickelndes Gefühl."
Gibt es Spiele, die er nicht vergessen kann, die ganz wichtig für ihn waren?
„Zwei. Das 1:0 gegen die Glasgow Rangers. Unsere junge Mannschaft, die nur vom Europa-Pokal geträumt hatte, gewann ihn. Das war 1967, und ich war 21. Und dann natürlich das große Spiel von Brüssel. Das 4:0 gegen Spaniens Meister."

Vom Fußballplatz in die Oper

Mit offenem Hemd kann man „Kaiser Franz" eigentlich nur noch beim täglichen Training erleben. Seine Auftritte außerhalb des Fußballplatzes bringt er im maßgeschneiderten Anzug oder im Smoking.

Ein Opernbesuch zum Beispiel. Galaempfänge. Eben dann, wenn Prominente Prominente zu sich rufen. Franz Beckenbauer ist ein Herr vom Scheitel bis zur Sohle. Neuerdings reitet er auch. Er hat seine Vergangenheit (Volksschule, Kaufmannslehre) weit hinter sich gelassen. Er liest Remarque, auch den Heinrich Böll. „Der Pate" ist ihm schon fast zu trivial.
Wenn er in seinen 6,3-Liter-Mercedes steigt oder auch im Zweitwagen (Mercedes 350 SL) vorfährt, glaubt niemand, daß dieser Herr einmal Hochdeutsch lernen mußte.
Grüaß Gott und Ja mei – vorbei. Vor gar nicht so langer Zeit büffelte er sogar Englisch. Man will ja mitreden können.
Franz Beckenbauer ist schon oben und will noch immer immer höher rauf. Ein Dienstmädchen und ein Kindermädchen sind da nur äußere Merkmale. Das Klavierspielen vielleicht auch, mit dem er sich herumplagte.
Der Franzl von einst ist er nur noch, wenn er im Kreis seiner Lieben sitzt: Ehefrau Brigitte, eine sehr hübsche, sehr elegante Frau, die gern nach London und Mailand zum Einkaufen fliegt, und die ihn sehr liebt. Acht Jahre sind sie jetzt verheiratet. Und kennengelernt haben sie sich, als der unbekannte Fußballspieler Franz an der kleinen Sekretärin Brigitte vorbei zum Training lief. Sie sagt: „Ich war in der Sportschule Grünwald angestellt."
Es ist hochinteressant, was Frau Brigitte an ihrem Mann am besten gefällt. Nicht das Fußballspielen. Franz hat innere Werte. Sie sagt: „Was ich an ihm bewundere, ist seine innere Größe. Für ihn scheint es nichts Schlechtes auf der Welt zu geben. Er glaubt an das Gute."
Die drei Söhne, Thomas, Michael und Stefan, glauben in erster Linie an den Fußballspieler. Und stolz sagt der Vater: „Auch sie haben Talent – fürs Fußballspielen."
Leider hat der Vater wenig Zeit für alle. Geschäfte, Geschäfte. Das Training, die Werbung, seine Stadionzeitung, die großen Spiele.
Drei Farbfernseher stehen in seiner Villa. Und mit Hilfe eines Videorecorders geht nach getaner Arbeit (Tore einleiten, Tore verhindern, Tore schießen) die Arbeit weiter. „Ich sehe mir alle meine Spiele in der Aufzeichnung noch einmal an. Ich muß lernen, lernen, lernen." ◀

(BILD-Serie „Liebe, Sieg und Moneten" von F. J. Wagner, BILD-Zeitung vom 21., 24. und 27. 5. 1974)

Ein typisches Spiel

▶ Das unter Eheleuten am häufigsten gespielte Spiel bezeichnet man umgangssprachlich als „Wenn du nicht wärst", an ihm sollen die allgemeinen Charakteristika von Spielen erläutert werden.
Mrs. White beklagte sich darüber, daß ihr Mann sie in ihrer gesellschaftlichen Tätigkeit ernsthaft behindere; so sei sie z. B. noch nie dazu gekommen, Tanzen zu lernen. Mit Hilfe einer psychiatrischen Behandlung änderte sich jedoch ihre Haltung: ihr Mann verlor daraufhin etwas von

seiner Selbstsicherheit und wurde nachgiebiger. Mrs. White hatte jetzt die Möglichkeit, den Bereich ihrer gesellschaftlichen Tätigkeit zu erweitern. Sie belegte einen Tanzkurs, mußte aber verzweifelt feststellen, daß sie eine geradezu pathologische Angst vor dem Tanzboden hatte und aus diesem Grund ihr Vorhaben wieder aufgeben mußte.

Zusammen mit ähnlichen Erfahrungen brachte diese mißglückte Unternehmung einige wesentliche Aspekte von der Struktur ihrer Ehe ans Tageslicht. Aus der großen Zahl ihrer Verehrer hatte sie einen tyrannischen Mann zum Gatten gewählt. Sie war nun in der Lage, sich darüber zu beklagen, daß sie alle möglichen Dinge tun könnte, „wenn du nicht wärst". Viele der mit ihr befreundeten Frauen hatten ebenfalls tyrannische Männer; wenn sie sich beim morgendlichen Kaffeeklatsch trafen, verbrachten sie gewöhnlich die meiste Zeit mit dem Spiel „Wenn er nicht wäre".

Wie sich jedoch gezeigt hat, leistete ihr der Mann – ganz im Gegensatz zu den von ihr erhobenen Klagen – in Wirklichkeit einen guten Dienst, indem er ihr verbot, etwas zu tun, wovor sie sich im Grunde ihres Herzens fürchtete, und indem er sie sogar davor bewahrte, sich ihrer Furcht bewußt zu werden. Zweifellos war das ein Grund dafür, daß ihr Kindheits-Ich klugerweise einen solchen Mann zum Gatten gewählt hatte.

Das ist aber noch nicht alles. Seine ‚Edikte' und ihre ständigen Klagen führten häufig zum Ehestreit und beeinträchtigten ernsthaft ihr Liebesleben. Infolge seiner Schuldgefühle brachte er ihr häufig Geschenke mit, die sonst wohl unterblieben wären; natürlich wurden die Geschenke kleiner und weniger häufig, sobald er ihr mehr Freiheit ließ. Außer den üblichen Haushaltssorgen und ihren Kindern hatten die beiden kaum gemeinsame Interessen, und so erhielten ihre Zänkereien den Rang von bedeutenden Vorkommnissen; vorwiegend bei diesen Anlässen nämlich erlebten sie endlich etwas anderes als die übliche nichtssagende Konversation. Auf jeden Fall hatte in den Augen der Frau ihr Eheleben deutlich bewiesen, was sie schon immer behauptet hatte: daß nämlich alle Männer gemein und tyrannisch seien. Es zeigte sich, daß diese Auffassung in engem Zusammenhang mit einigen Traumphantasien von sexueller Schändung stand, die sie früher geplagt hatten. ◄

(E. Berne, Spiele der Erwachsenen, Psychologie der menschlichen Beziehungen, Rowohlt, Reinbek, 1967, S. 64/5)

3. Teil: Thesen zum Problem Zwänge

Vorbemerkung: In dem abschließenden dritten Teil dieses Studienbuches stoßen die Verfasser an die Grenzen des Problems, das sie mit dem Stichwort ‚Zwänge' thematisiert haben. Sie sehen sich außerstande, die mit dem Stichwort ‚Zwänge' signalisierte Perspektive auf Wirklichkeit umfassend zu beschreiben und zu deuten, womöglich in der Hoffnung, auf diese Weise das Problem ‚Zwänge' zu lösen und eindeutige Handlungsorientierungen zu finden. Wozu sie sich stattdessen in der Lage sehen – und das entspricht wohl auch dem Gesamtduktus und der Gesamtanlage dieses Studienbuches – ist, zwei Thesenabfolgen vorzulegen, die das Problem der Zwänge unter verschiedenartigen Perspektiven reflektieren.

3.1 ‚Zwänge' in theologischer Perspektive

These 1: Der Mensch (die Menschheit) ist gezwungen, „auf die Spitze" gehen zu müssen, immer neue Zwänge zu produzieren, ‚den eigenen Tod herbeizuführen' (Potenzierungszwang von Zwängen).

These 2: Der Mensch (die Menschheit) ist unfähig, sich selbst von den Zwängen zu befreien, sich selbst zu erlösen. Er kommt mit den Mitteln der Zwänge nicht aus den Zwängen heraus, ist aber genötigt, es immer wieder zu versuchen (Reproduktionszwang von Zwängen).

These 3: Unter der Perspektive von Zwängen erscheint Sünde als das, was es seinem Ursprung nach (vgl. Gen 3) ist: denaturierte Existenzform des Menschen sowohl in seinem personalen Zentrum als auch in seinen Relationen zu anderen und zur Welt als Ganzes. Sünde ist etwas Strukturales, etwas, das vom Menschen permanent produziert wird und dem er immer bereits als Produziertem ausgesetzt ist (vgl. den Topos der Erbsünde). Existenz unter, in und innerhalb der Grenzen von Zwängen entspricht also der Wirklichkeit der Existenz unter, in und innerhalb der Sünde.

These 4: In der Totalität der Zwänge dokumentiert sich die Totalität der Erlösungsbedürftigkeit.

These 5: „Ostern" ist der Anfang vom Ende aller Zwangsläufigkeiten. Zwar müssen wir auch nach Ostern unter Zwängen leben. Was sich jedoch mit und durch Jesus eröffnet hat, ist die begründete Hoffnung auf reale zukünftige Befreiung von Zwängen (Perspektive der Erlösung). Diese Hoffnung hat zugleich einen vorgreifenden Charakter (Perspektive des Evangeliums). Sie verhindert Identifikation mit den Zwangsstrukturen als dem zugewiesenen Schicksal (z.B. in der Form der Apathie), und sie ermöglicht Befreiung von dem Zwang der tötenden Verzweiflung bzw. von dem verzweifelten Anrennen gegen die Grenzen.

These 6: Klage wie sie sich etwa im Gebet für Marilyn Monroe (S. 101 f.) oder in den Klagepsalmen des AT niederschlägt, ist eine (die?) Form des Fertigwerdens mit Zwängen unter der Perspektive des Anfangs vom Ende. Klage ist ein Stück wiedergewonnener punktueller Befreiung:
- In der Klage werden Zwänge ernst genommen.
- Die Klage führt über lähmende Sprachlosigkeit angesichts von Zwängen hinaus.
- Klage ermöglicht Erkenntnisgewinn und die Distanz der Reflexivität.
- Klage geht einher mit Anerkennung der aktuellen und strukturalen Schuld.
- Klage ist Ausdruck der Erfahrung gemeinsamen Leids in der Form des Mitleidens.
- Klage eröffnet die Fähigkeit zur Kommunikation und damit zur Solidarität.
- Klage ist der Anfang neuer Handlungsfähigkeit.
- Klage drängt auf Erfüllung in der Praxis, ohne die sie letztlich in sich selbst verkrümmt bliebe.

3.2 ‚Zwänge' unter dem Aspekt der Freiheit zum Handeln

These 1: Zwänge sind nicht gleichartig und auch nicht gleichwertig: Als Mensch nur innerhalb bestimmter naturgegebener Bedingungen existieren zu können, meint andere Zwänge als jene, die sich daraus ergeben, innerhalb eines bestimmten, aber nicht unabänderlichen Gesellschaftssystems zu leben. Essen und trinken zu müssen, sind Zwänge, die wir als selbstverständlich hinzunehmen gewöhnt sind, während wir uns nur schwer damit abfinden können, Sterben als ein unumgängliches Faktum ertragen zu müssen. Infolge genetischer Gegebenheiten weniger begabt zu sein als andere, hat Zwänge zur Folge, die anders wirken und anderes bewirken als diejenigen, unter denen Kinder wie Erwachsene eines abgelegenen, in vergehenden Traditionen verhafteten Dorfes zu leiden haben. Es gibt aber auch Zwänge, die zwar gleiche Wirkungen, aber unterschiedliche Ursachen haben: Körperbehindert leben zu müssen, kann Folge davon sein, daß die Mutter ahnungslos ein dem Embryo schädliches Medikament (z. B. das nicht ausreichend erprobte Contergan) eingenommen hat, kann auf vernunftwidrige Fahrlässigkeit des Betroffenen (z. B. Verkehrsunfall aufgrund von Alkoholkonsum während eines Wetterumschwunges) zurückgeführt werden, kann aber auch an der Einwirkung fremder Gewalt liegen (z. B. Folgeschäden aufgrund der imperialistischen Ideologie des Dritten Reiches).

These 2: Zwänge sind nicht ausschließlich etwas Antihumanes. Eine derartige Behauptung läßt sich nur schwer mit dem in Einklang bringen,

was heutzutage gern und immer wieder gefordert wird: alle Zwänge, insbesondere die sogenannten gesellschaftlichen aufzuheben. Und ebenso scheint sie nicht zu dem zu passen, was spätestens seit der Unabhängigkeitserklärung der britischen Kolonien und der Französischen Revolution im Bewußtsein des abendländischen Menschen als selbstverständlich gilt: Freiheit und Unabhängigkeit als etwas für das Leben des Menschen Elementares anzusehen, sich um Autonomie des Einzelnen, Selbstbestimmung, Aufhebung der Entfremdung, kurz: um die Milderung oder Beseitigung dessen zu bemühen, was Menschen zwingt, als Unfreie zu leben. Wir sind gewöhnt, jeden Zwang, als etwas Negatives zu sehen und damit abzuwerten; ihn gilt es also zu überwinden.
Fraglos ist jeder Zwang einengend, hemmend, emanzipationsfeindlich. Ebenso fraglos ist aber auch, daß mindestens bestimmte Zwänge eine geradezu kulturerhaltende und eine lebenstabilisierende Kraft darstellen. Das wird zwar gerne geleugnet, ist nichtsdestoweniger aber für Psychotherapeuten, Kulturanthropologen und Philosophen, ebenso für Physiologen oder Ökologen eine Selbstverständlichkeit. Der Mensch neigt dazu, ja, er ist gezwungen, bestimmte Normen, Traditionen, Verhältnisse oder auch Umweltbedingungen derart zu fixieren, zu befestigen, daß er dem Wechselhaften und Instabilen der Zeit und seiner Welt widerstehen kann. Freiheit ist sicher ein wesentlicher Aspekt und eine wesentliche Zielperspektive menschlichen Lebens, ebenso gewiß aber auch Stabilität. Gerade der Mensch bedarf der Absicherung seines Lebensraumes, seiner ‚Welt', und zwar nicht zuletzt, um Freiheit überhaupt erst verwirklichen zu können. Diese Absicherung aber ist ohne Zwang nicht möglich, was nicht bedeutet, daß jeder hier geschehende Zwang auch automatisch durch den übergeordneten Aspekt der Stabilisierung menschlichen Lebens gerechtfertigt wäre.

These 3: Die Weltoffenheit des Menschen und der Zwang zur „Stabilisierung menschlicher Lebensweise" sind zwei Aspekte einer Sache. Der Welt gegenüber offen zu sein, heißt, einer artspezifischen engen Umwelt nicht ausgeliefert, heißt, – bedingt – frei zu sein; frei sein zu können aber ist lediglich eine Chance (und Aufgabe dazu), denn sie führt zu gleichsam selbstgesetzten Zwängen, u.a. dem, das eigene Leben wie das Leben einer Gemeinschaft zu stabilisieren. Der Mensch reagiert also in einem Gewissen Sinn auf den Zwang, frei sein zu müssen (und zu können, zu dürfen), und er agiert als ein bedingt Freier so, daß er sich selbst Zwänge schafft, ohne die er auf Dauer nicht zu leben vermag.

These 4: Die Antinomie Zwänge-Freiheit ist so alt, wie Menschen nachdenken. Und vermutlich ebenso alt ist die umgekehrte: Sich frei zu denken, sich gar frei zu wissen, aber begreifen zu müssen, daß nicht alles verwirklicht werden kann, was gedacht und gewollt wird. Mögen in vergangenen Jahrtausenden die Zwänge so übermächtig gewesen sein, daß der ihnen jeweils abgerungene Freiheitsraum nur klein gewesen ist, so müssen wir heute oft genug erkennen, daß unsere Vorstellungen wie auch Bemühungen, die darauf gerichtet sind, den Menschen immer mehr Freiheit zu verschaffen, an Grenzen stoßen, die sehr verschieden benannt werden – Realitäten, Sachzwänge, Naturgesetze, Unvollkommenheit des Menschen oder eben Zwänge.

These 5: Wären wir Menschen ausschließlich Zwängen ausgeliefert, gäbe es nicht so etwas wie die Chance zur Freiheit, wäre es müßig, über Zwänge nachzudenken, mehr noch, bliebe nichs anderes als Depression, Verzweiflung, passives Hinnehmen und Vegetieren. Was die Menschen jedoch durchweg tun, was man täglich selbst erfährt, signalisiert eine gegenläufige Erfahrung: Unser Leben, unser Arbeiten ist ein ständiges Ankämpfen gegen Zwänge aller Art und Mächtigkeit, ein Kämpfen, in dessen Verlauf wir beides erfahren – Scheitern und Ohnmacht, aber auch Gelingen und Hoffnung. Sicher: Überall Zwänge, aber auch überall Räume der Freiheit.

These 6: Der Mensch ist zwar nicht frei von Zwängen, aber frei, auf Zwänge zu reagieren und den maximalen Spielraum, der ihm verbleibt, auszuschöpfen. Es hängt also auch von ihm ab, in welchem Maße er Zwängen ausgeliefert ist und bleibt. Voraussetzung ist jedoch, daß er die Zwänge jeglicher Art erkennt und daß er zu unterscheiden weiß (lernt) zwischen dem, was hingenommen werden muß, auf das man sich einzustellen hat, weil man es nicht ändern kann, und dem, was nur scheinbar unabänderlich ist, was wenigstens teilweise bewältigt und verändert werden kann, und schließlich dem, was grundlegend veränderbar ist. Das gilt sowohl für den individuellen und privaten Bereich wie für makroökonomische, weltpolitische und auch naturwissenschaftliche Zusammenhänge.

These 7: Wer immer wieder und ausschließlich auf die sogenannten Realitäten und damit eben auf scheinbar unveränderliche Zwänge verweist, hat bestimmte Interessen, die auf Erhaltung des status quo zielen, oder er unterschätzt, in wie hohem Maße das Leben von Gesellschaften wie von Individuen von Erwartungen und Hoffnungen aller Art, von Lebensentwürfen und Zukunftsprogrammen bestimmt wird, wie sehr – mit anderen Worten – Utopisches und das heißt: auf Veränderung Zielendes das vermeintlich immer Gleiche bestimmen und beeinflussen kann. Menschliches Leben im kleinen wie im großen, in den Individualstrukturen wie in den Makrostrukturen der Gesellschaft unterliegt einem „Zwar-aber“, der Chance zu Alternativen, der Möglichkeit, das Gegebene (die sogenannte Realität) gelegentlich, partiell, weitgehend, vielleicht auch grundlegend zu verändern. Von dem Ausmaße, wie dieses utopische Potential freigesetzt und sich durchsetzen kann, hängt es ab, von welcher Art die Zwänge sind, mit denen Menschen zu leben haben, und ob ein Höchstmaß an Freiheit und Glück innerhalb verbleibender Zwänge zu realisieren ist.

Studienbücher Religion

Diesterweg
Sauerländer

Bildnachweis

ADAC, Allgemeiner Deutscher Automobilclub, München: Seite 7. Deutsches Allgemeines Sonntagsblatt, Hamburg: 8. Edition Staeck, Heidelberg: 10, 13. Magnum, Köln: 17. Manfred von Papen, München: 11. Der Überblick, Hamburg: 6.